刘少奇的故事

编著：朱元石

四川出版集团

天地出版社

图书在版编目（CIP）数据

刘少奇的故事／朱元石编著. —3版. —成都：天地出版社，
2012.7（2015.4重印）z
（青少年百读不厌的领袖故事）
ISBN 978－7－5455－0669－3

Ⅰ.①刘… Ⅱ.①朱… Ⅲ.①刘少奇（1898~1969）—生平事
迹—青年读物②刘少奇（1898~1969）—生平事迹—少年读物
Ⅳ.①K827=7

中国版本图书馆CIP数据核字（2012）第143163号

LIU SHAOQI DE GUSHI

刘少奇的故事

朱元石 编著

天地无极 ☯ 世界有我

出 品 人　罗文琦

责任编辑　漆秋香
封面设计　张　科等
内文设计　金娅丽
责任印制　桑　蓉

出版发行　四川出版集团·天地出版社
　　　　　（成都市三洞桥路12号　邮政编码：610031）
网　　址　http://www.tiandiph.com
　　　　　http://www.天地出版社.com
电子邮箱　tiandicbs@vip.163.com

印　　刷　北京旺鹏印刷有限公司
版　　次　2012年7月第三版
印　　次　2015年4月第二次印刷
规　　格　850mm×1168mm　1／32
印　　张　5.75
字　　数　137千
定　　价　11.50元
书　　号　ISBN 978－7－5455－0669－3

目 录

好读书美名"书柜"
爱祖国改字"卫黄"

　　一百多年来，为了祖国的独立富强，为了建设一个新的社会，中国的无数先进分子进行了前赴后继、不屈不挠的斗争。从本世纪二十年代开始，中国共产党人站在这个斗争的前列。刘少奇同志便是他们中间涌现出来的一位历史巨人。

　　他从年轻时起，就把自己的一切献给了中国人民的解放事业，献给了共产主义事业。长期斗争烈火的冶炼和坚持不懈的刻苦学习，使他具有高度的马克思主义理论素养和丰富的实际斗争经验。即便在极端复杂而险恶的环境中，他总能以大无畏的革命胆略，独立地把握方向，打开局面。他同毛泽东、周恩来、朱德同志一起是新中国的伟大缔造者。

——杨尚昆

1988 年 11 月 24 日在刘少奇纪念馆开馆典礼和刘少奇铜像揭幕式上的讲话

　　1898 年 11 月 24 日，是刘少奇的诞生之日。他比毛泽东小五岁，与周恩来是同龄人。湖南宁乡县花明楼炭子冲，是他的诞生之地。如今这地方因他的缘故，建有一座刘少奇纪念馆，耸立着一尊巍峨的刘少奇铜像。炭子冲的乡亲为他感到骄傲，宁乡的父老为他感到骄傲，湖南人民为他感到骄傲。在中

1

国的近代史上，湖南的英雄人物出了不少，在中国共产党中竟有两位巨人——毛泽东和刘少奇同时出在湖南，这是为历史学家们所感兴趣的问题。炭子冲同毛泽东的老家韶山冲不过相隔五六十里地。

刘少奇诞生的时候，并无异兆，和普通人生下来时完全一样。中国共产党人笃信马克思主义，笃信马克思的历史唯物主义，在中国共产党的领导下，帝王将相般的离奇神话是不会产生的。在宁乡，在炭子冲，只有绿绿的稻田，清澈的水流。故事家们要想在这块土壤上寻找猎奇的题材，那是肯定要失望的。

刘少奇最早取名绍选，还有一个字，叫渭璜。后来为了表明他保卫中华民族的心志，曾把他的字渭璜改为"卫黄"。"黄"是代表中国的意思。中国有悠久的历史，五千年文明。不仅有浩繁的历史记载，还有许许多多的生动传说。在很久很久以前，在我们的黄土地上曾经产生过两位开拓性的领袖人物，一个叫炎帝，一个叫黄帝，进行了卓有成效的统一各部族的斗争，被奉为传说中的两位中华民族的老祖宗。所以中国人民被称为"炎黄子孙"或"黄帝子孙"。刘少奇改字"卫黄"，完全反映了他青年时代的爱国主义精神。

刘少奇的家庭是一个世代农民的家庭，家里人基本上都以种田为生。从宁乡南塘刘氏族谱可知，刘少奇的先辈以"耕读"为传家祖训，所以也不纯粹像中国的许多农民家庭那样，大多目不识丁。在刘家的一辈一辈里都还有知文识字的。刘少奇的父亲刘寿松（也写作刘寿生），就是一个稍通文墨的人，曾受过相当长时间的文化教育。刘少奇所以特别喜欢读书，后来能成为一个大理论家，与这样的家庭环境是有一定的关系的。

刘少奇的母亲叫刘鲁氏。旧社会里姑娘一出嫁，便没有自己的名字，并从夫姓，把自己原来的姓氏放在后面，合起来称

为××氏。所以刘少奇的母亲叫什么名字，因为没有留下记载，我们就不知道了。鲁氏是一位典型的劳动妇女，克勤克俭，精于操持家计。生有四男两女，刘少奇是最小的儿子。一般地说来，做母亲的最喜欢最小的儿子，刘少奇也承受了这样的母爱。但鲁氏好像做得并不太过分，骄纵和溺爱是没有的。刘少奇从父母那里所得到的是比较严肃、持重的家教。

刘少奇回忆，他父亲虽然受过相当长时间的教育，但不脱离劳动，仍然很勤劳，是全家的劳动组织者。在刘寿松的指挥下，一家大小，男耕女织，沐雨经霜，没有一个游手好闲的，家道维持有余。刘少奇有三个哥哥，两个姐姐。大哥绍源，又叫刘墨卿，是父亲的主要劳动帮手。二哥绍远，又叫刘云庭，种过田，当过轿夫，也在长沙新军中当过兵，对刘少奇较有影响，有过不少帮助，刘少奇在小时遇到什么困难，常常找他。三哥绍达，又叫刘作衡，也是一个善于营生的人，只是心眼活一些，会算计，喜欢挣一些容易来的钱，刘少奇的思想同他不大合得来。大姐叫绍德，二姐叫绍怡，刘少奇小时候也少不得由两个姐姐多照管着一点，当姐姐的要替代母亲做一点事。

刘少奇在家里是最小的，在叔伯兄弟、族里的"绍"字辈中也是最小的，排行第九，故被称呼为九满。"满"就是结末、最后一个的意思。所以后来刘少奇的侄子侄女等也称刘少奇为"满叔"。在湖南，穷孩往往被叫做伢子。当时刘少奇就在族中被亲昵地叫有小名"九伢子"，年纪大一点的人更是喜欢这样叫。当大爷大娘摸着他的小脑袋轻轻呼叫的时候，叫的人显得很亲切，听的人也感到亲切，情感就很快地交融了。

刘少奇从六岁就参加劳动，做些力所能及的零活，割草、铡草、看牛、捡柴禾等。虽说零活，却也是整活中少不了的事情，对大人的劳动起着很大的帮助作用。刘少奇认认真真，一丝不苟，趟一身露水，滚一身泥是常事。风风雨雨，凉凉热

3

热，对他来说是从小惯了的，不算一回事的。这对刘少奇的一生，作用很大。刘少奇从小就熟悉劳动人民的生活，热爱劳动，热爱劳动人民。他就从来没有忘怀生他养他的土地。这里的一山一水、一草一木，都有他的深情在，曾使他梦里萦回，千百度寻觅。刘少奇于1920年寻求革命离开家乡，直到1961年，才以63岁的高龄重访故里。他是中华人民共和国的主席，身居高位，为全党和全国人民所钦敬。但他并不是来作衣锦荣归的，他是到生他养他的眷恋之地来作蹲点调查的。他完全和普通人一样，轻车简从，睡门板、铺禾草、吃粗劣的饭。他是为了摸清农村形势，听听乡亲们的意见而来，以制定治国良策的。宁乡县的父老们，花明楼炭子冲的乡亲们，他就是当年的"九伢子"呀。他是当的共产党的大官，但他始终不会丢掉劳动人民的本色。

刘少奇八岁那年，高高兴兴地拿起小书包开始上学堂了，那时的学堂是乡村私塾，念的都是孔夫子、孟夫子的东西，"四书"、"五经"等。在偏僻的乡村里，塾师是最有学问的人，深受人们尊敬。刘少奇童真无邪的心，想像着将要成为自己启蒙老师的形象。私塾在拓木冲，离家不远，但上学的第一天刘少奇起得特别早，去得特别早。塾师叫朱赞廷，为人端正，乡里人尊重他，称呼朱五阿公。朱老师以慈祥的目光接待了这位在班里头年龄最小的学生。很快，刘少奇表现出是一个品学兼优的好学生。他勤奋、守规矩。朱老师家庭院的橘子树，一到秋天，满树绿盈盈、红橙橙，硕果累累，很吸引人，好戏耍的顽童少不得常要伸手摘取。刘少奇从不，十分自尊自爱，有克制的毅力。朱老师自然很喜欢这样的学生，有次特意摘了几个大红橘子褒奖他。刘少奇并不独自去吃，而与同学们一起分享了这份奖品。孔融让梨，是我国历史上传颂了一两千年的儿童美德。刘少奇的类似举动，获得了朱老师的加倍夸奖。人在小

时候得到老师夸奖和鼓励，影响最深，能催促一个孩子更加具有上进心。刘少奇后来就曾缅怀说，他永远忘不了这位教他识字、教他做人的启蒙老师。1961年他回故乡那年，得知这位老师的遗孀朱五阿婆还健在，就同自己的夫人王光美一起看望了老人。刘少奇的浓重的乡音向她嘘寒问暖，倾注了感人至深的情意。如今在刘少奇故居的展览室还挂有这张在安湖塘食堂看望"师母"的照片，摄下了人世间尊师敬老的风范。

刘少奇共上了三年私塾。在短短的三年里，转换过好几个读书地方，罗家塘私塾、月塘私塾，离炭子冲二十来里地的洪家大屋等，先后留下了刘少奇的少年足迹。布鞋磨破了一双又一双，知识却像小树的年轮那样，一圈又一圈增长着。它给刘少奇打下了很深的古文根底，许多格言警句，他能随口运用，贴切地表达自己的思想，并慢慢地培养起了勤于思考的习惯，老师在课堂上的教育和讲解对他来说是很不够的。他养成了手不释卷的读书习惯。哪家有好书和藏书，他就去借来读，或钻到人家家里去看，看得出神入迷。由于他嗜书如命，被誉为"刘九书柜"。其出典大概来自宋朝时候有个叫吴时的人的故事，吴时这人博学能文，满腹经纶，有曹子建七步之才，才思敏捷，出口成章，以美名"书橱"传世。与刘少奇的"书柜"之称是一个意思。

刘少奇的读书生活并不顺利。从他不断转学的情况来看是这样，从他父亲病逝后的情况来看更是这样。父亲一去世，一家的台柱子倒了，不仅经济生活立刻受影响，整个家庭秩序也势必起变化。母亲没有父亲那样的权威，许多事情难以做主，特别在涉及到经济问题上是难于独断的。母亲虽有爱小儿子之心，也有许多牵扯了。除了二哥刘云庭一向比较支持刘少奇外，其他的兄长是否很愿意支持刘少奇读书，那就很难说。那时刘少奇自己又得了严重的痢疾，缺医少药，很长时间不愈，

只好休学。这对一个酷爱学习的孩子来说，是个大打击。加上丧父之痛，性格比较内向的刘少奇一时郁郁寡欢。

但是这些也决不能改变刘少奇喜欢看书的习惯。他常到一位家里藏书比较多的同学家去借书和看书，主人见他聪颖好学，也很乐意接待这位小客人。在这里，有好几年，他几乎成了常客，以后复学了，寒暑假里也常来。他阅读了有关黄巢起义、太平天国运动、义和团运动等史实。历史总是要起它固有的教育作用的，这个求知若渴的少年心理，被这些生动的爱国主义的历史内容和不畏强暴的反抗精神，潜移默化着。少年的心扉是敞开的，书籍给他以乐趣，给他以精神上的寄托，给他以生命的内容。这种情况主要产生在辛亥革命之后。

1911年，辛亥革命在被称为"居天下之中"的武汉爆发，全国发生连锁震动。清皇朝的统治似大厦之崩，纷纷解体。两湖革命党人原有约定，如果湖北首先起义，则湖南继起响应；如果湖南首先起义，则湖北连着发动。当时湖南的革命党人马上联络会党、运动湖南长沙新军急行起义，一举成功。刘少奇的二哥刘云庭也在长沙的新军中参加了起义。一切情况发生了巨大变化，不管有人拥护，还是反对，抑或疑惧。刘少奇见到欢欣雀跃、神飞色舞的二哥回家来，也立刻从刘云庭身上感染了愉快的情绪。他有机会读到了刘云庭带回来的一些革命传单和书籍，了解了辛亥革命的始末，明白了这个世界正在闹革命的事。犹如在催化剂的作用下立起化学反应，刘少奇的思想起了剧烈变化。少年情怀，说干就干，在他的坚持下，请他姐姐帮助，一剪子剪向显示清皇朝封建统治的象征，把头上的一根粗大长辫铰了下来。这在偏僻的乡村里，还是一个极其大胆的行动。中国人民被清皇朝的封建专制统治和压迫了几百年，深知挂在后脑勺的长辫是触犯不得的，铰了它那是要掉脑袋的事，谁敢呢？大局未定，天下谁属，造反的别太高兴早了，遗

老遗少们更是这样想。斜眼冷观着的真还有的是。刘少奇不管这些了，铰了长辫真像去掉了重压，吐了一口气，无比地轻松愉快，虽然还是朦胧的意识。

社会的巨大变动既然已经发生，新鲜的思想既然也已经开始输入到山村，从小就有志气的刘少奇哪里还能在炭子冲沉静下去，像带着乳黄的小鸟要扑棱翅膀飞出窝了。湖南是全国革命势力发展很快的省份之一，以西方资产阶级自然科学和社会科学为主要内容的"新学"，不仅在省会长沙，而且在宁乡等这些离省城较近的县城得到传播，不满旧学成为接受新思潮的必然行动，私塾不吃香了，"至圣先师"孔夫子的牌位供不住了。在刘少奇执拗地要求下，得到母亲的应允，他报考了设在宁乡县城里的玉潭学校，即县立第一高等小学。通过严格考试，刘少奇如愿以偿，以优异成绩入学，接受新式学堂的教育。这在当时来说，人们都要引为幸运和自豪的事。

刘少奇入校来，穿的是乡下大襟衣衫，面色比城里孩子要黑一些，满身土气，被人喊为"乡里伢子"。然而意想不到，这个"乡里伢子"竟是一个很能征服人心的人。他的作文文笔生动，思想性强，情文并茂，义理交融，常被国文老师发给同学们传观。他全面发展，门门功课都居前。他喜欢踢足球，在运动场上显示出这个细高挑的"乡里伢子"，还有一副不让于人的好脚力。他还弄棒习武，看来是不好欺侮的。他正直侠义，常常维护弱小同学，弱小同学更信仰他。1916 年，刘少奇的毕业成绩单，在全校各班名列第一，整个校园为之轰动。学校特地为他发放"红榜"，派人送到他家里。在玉潭学校的三年学习生活中，关于刘少奇的佳话留传不少。那些佳话都反映出，刘少奇已把有志和勤奋，聪颖和机智，正直和敢说敢为，善良和嫉恶如仇等等美德集于一身。

刘少奇在玉潭学校的三年，也是国事日非、学习生活并不

平静的三年。辛亥革命将清皇朝推倒，挂起"民国"的旗子，曾使进行革命多年的孙中山以为"满清退位，中华民国成立，民族、民权两主义俱达到，唯民生主义尚未着手"。哪知他临时大总统的位置还没有坐暖，就被迫荐举袁世凯以自代，革命的果实被袁世凯为代表的大地主大买办势力所篡窃。心怀叵测的袁世凯，变着法子要把刚建立的"民国"退回去。响应武昌起义的湖南长沙起义成功了没有？也没有。以革命党人焦达峰为都督、陈作新为副都督的军政府一成立，以咨议局长谭延闿为首的立宪派马上就发起了对以焦、陈为首的革命党人的进攻，使用阴谋手段杀害焦、陈之后，谭延闿便取而代之登上湖南都督的宝座，革命派掌握的政权转眼烟云，不到十天便流产了，立宪派一时得势。1912 年 3 月袁世凯就任临时大总统，谭首先电袁拥戴，进行投机。同年 7 月，袁投桃报李，正式任命谭为湖南都督。但袁终视善于逢迎的谭为异己，便在 1913 年 10 月任命海军次长汤芗铭为湖南都督，把谭赶下了台。汤芗铭残忍嗜杀，人称"汤屠户"。除动辄杀人外，压制舆论、摧残教育等等，汤也无所不用其极。汤在湖南从 1913 年 10 月到 1916 年近三年的残暴统治中，把整个湖南弄得民怨沸腾，骂汤之声遍于路巷。这便是刘少奇在玉潭学校学习期间，全国的和湖南的一幅凄怆的历史背景图。中国人民还没有得到所希望的东西。帝国主义列强的统治并未扫除，中国的积弱仍未振兴，政治不见清明，人民依旧无权。只见城头不断地变换着大王旗。

但不管怎么样，辛亥革命虽然失败了，孙中山所倡导的反帝反封建的民主主义思想，却在全国各地不可阻挡地广泛传播开来。玉潭学校，由于地处离长沙不远的宁乡县城，由于教员大都倾向进步，像史地教员梅冶成还是追随过孙中山的同盟会会员，民主主义的教育比较多。梅冶成等慷慨激昂的课堂教育

8

以及他们在学生中的活动，使刘少奇等同学受到的影响至深。首创"民国"的孙中山和黄兴等革命者，盘踞学生的稚嫩心田，成了他们十分崇拜的英雄人物。因此袁世凯和汤芗铭等的倒行逆施，在这里只能像在烈火上喷油，引起更大的思想激荡，和遭到强烈的反对。

1915年，是刘少奇进入玉潭学校的第二年，也是日本帝国主义利用袁世凯的称帝野心，迫使他接受"二十一条"，使中华民族蒙受又一次奇耻大辱的一年。这年1月，日本帝国主义者趁第一次世界大战期间，欧美各国无暇东顾的时机，命令其驻华公使日置益，咄咄逼人地向袁世凯当面递交了日本旨在独占中国的"二十一条"。几番锣鼓，几番叫场。到5月7日，以"最后通牒"方式，辅以武力恫吓，胁迫袁世凯就范。5月9日，袁世凯为了换取日本对其复辟帝制的支持，竟不惜出卖国家主权，公然接受了日本的苛刻要求。消息传开，举国上下，一片激愤，拒日讨袁的爱国运动风起云涌。各大城市纷纷成立反日爱国组织，频频举行抗议集会，誓死不承认"二十一条"，决心进一步开展抵制日货的斗争。全国教育联合会决定各学校每年以5月7日为"国耻纪念日"。玉潭学校的师生们无比震怒，当即停课讨袁，走上街头，散发传单和进行演讲。刘少奇身挂"毋忘国耻"的标语牌，手执写着"内除国贼、外抗强权"的小旗，走在游行队伍前面。在行进过程中，人们不断加入进来，队伍从县城的南门到北门，越走越长，"四万万同胞何日醒"的悲壮歌声响彻云霄。刘少奇又和同学一起，到各处商店铺栈，检查和封存日货，向商人宣讲"国耻"，劝导他们一致起来抵制"日货"，反对日本帝国主义者。情动之处，刘少奇和同学们涕泗交流，听讲者无不动容。一时间玉潭镇日货敛迹，国货畅销。刘少奇就是这时，将他的字"渭璜"改为"卫黄"的。

9

一波未平，一波又起。同年12月，袁世凯悍然宣布复辟帝制。消息风传宁乡，玉潭学校的师生再次投入汹涌的怒潮之中。刘少奇和同学们拍案而起，玉潭镇上、骆公祠旁、沩水河畔，到处响彻他们与袁贼不共戴天的呼声。他们呼喊反对复辟，反对日本侵略，不当亡国奴，打倒袁世凯等的口号，热烈声援蔡锷等人的讨袁义师，并要求驱逐对袁世凯称帝通电拥戴的湖南都督汤芗铭。直到1916年3月，只做了八十三天皇帝梦的袁世凯被迫宣布取消帝制，这场不可抑止的斗争浪潮方告平息，玉潭学校也才逐渐恢复正常上课。从这以后，刘少奇似乎突然成熟多了，虽然他的思想仍然具有发端阶段所不可避免的混浊不清和五花八门的特征。不寐之夜，刘少奇开始为中华民族的内忧外患而焦虑，开始思考救国救民的问题。他在床头刻下了"天下兴亡，匹夫有责"八个篆字。

慕精忠弃文习武
思高远勤工俭学

　　要反对国贼，要反对帝国主义，要拯救中国，要振兴中华，刘少奇的决心已经有了。但是怎样迈出自己的脚步呢？选择什么样的学业？选择什么样的职业？眼看就要在玉潭学校毕业了，向什么方向去发展，立刻就要作出抉择。如果回家去，那他最多当个乡村教师，难以施展他的报国抱负。如果要继续学业，在宁乡县城已是没有升学的地方，无书可读了，那就得到省城长沙去，这也就需要家里人的支持。一个人的发展，固然有必然因素，还有好多机遇问题，但是日后能够有所成就的人，在他青年时代的每一步都是很重要的，特别是第一步。青年人立志容易，如果有了鸿鹄之志，但是仍旧依恋于燕雀之窝，不能冲向蓝天，到宽阔的空间去翱翔，那只能是空有志气了。当时刘少奇正好跨进十八岁的青年台阶，如果他犹豫不决，或被当时的有些条件所屈服，甘愿沉淀下来，那刘少奇也就不是以后的刘少奇了。

　　1916 年夏，刘少奇从玉潭学校毕业，负笈跨进宁乡驻省中学。这时汤芗铭虽已被迫宣布湖南独立，声明和袁世凯的政府脱离关系，但是由于他的罪恶太大，湖南人民仍坚持驱汤。刘少奇到长沙继续投入了这一驱逐湖南反动军阀汤芗铭的斗争。后来汤芗铭终于被逼走了，湘军旧部的国民党军人赵恒惕等就乘机拥戴谭延闿回湖南，使谭得以二次督湘。刘少奇看来看去，中国的许多事情还得靠军事来解决。湖南的都督换来换

11

去都是手握兵权的人，袁世凯等辈的国贼原来都是军事要人，出身于行伍。对于这些人，文的怎么解决问题。这时，刘少奇人渐长成，英气勃勃，更钦慕南宋岳飞"精忠报国"的故事，长忆西汉苏武、东汉班超、马援等的爱国青史，忘情"青山处处埋忠骨，何必马革裹尸还"诗句，萌发了好男儿投笔从戎、以身许国的志向。1916年秋，转而报考原为谭延闿在长沙创办的陆军讲武堂，赫然头名录取。

该年的10月和11月里，辛亥革命的主要军事领导人黄兴，和护国讨袁的著名将领蔡锷，相继在上海和日本病逝。黄是湖南善化县（今长沙县）人，蔡是湖南邵阳县人。噩耗传来，刘少奇不禁痛哭失声。湖南省各界隆重追悼黄兴、蔡锷，并进行迎葬。黄、蔡两人的灵柩后都安葬于长沙岳麓山。刘少奇参加了追悼大会，痛哭失声，并多次到灵堂吊唁，抄下了几百首挽联，充分表达了他对两位近代爱国先驱的敬仰和怀念之情。他决心效法黄兴、蔡锷，寄希望于在讲武堂的学习，努力要在军事上进行深造。

讲武堂学制一年半，半年补习文化，一年学习军事。但是讲武堂不仅由于校舍问题一时不能解决而迟迟才开学，而且不久即因1917年发生"护法战争"而解散。刘少奇未能学成军事，无可奈何回到炭子冲，只好努力自学。

刘少奇没有学成军事，也许是一个历史误会。从他后来指挥战争所表现的军事才能来看，他是一个很出色的军事家和军事战略家。但历史安排他不仅仅成为一个军事方面的战略家，还要安排他成为中国共产党内的著名理论家和新中国的伟大政治家。所以历史的机缘以一个个暂时的挫折给他以磨难，砥砺他的志向和自身能力。

刘少奇的从军计划受挫后，在家里的一段日子并不好过。他的民主主义的革命思想和行动，从一开始便遭到了除刘云庭

之外的家里人的反对。他们原来只承望刘少奇读上几年私塾，打下点往后学手艺的文化基础，当上个脑子灵、手脚麻利、会写写算算的干活人，不曾想到刘少奇竟迷上了读书，居然也断断续续读到中学。这时候家里人的期望值，最多也只升高到让他能够在家乡坐个馆，当个私塾先生而已。所以对刘少奇在学校参加学潮闹事，刚进了宁乡驻省中学又转考陆军讲武堂等，相当不满意，认为他太不安分守己了。这里边主要是经济原因，在诱发着一些矛盾。父亲过早地去世了，母亲难当一家之主，已经成家立业的兄长们是否情愿地支持小弟弟的学习是个问题。现在讲武堂解散，刘少奇失学回家来，双方迥然不同的思想见解，使得原来的矛盾日渐突出出来，互相更加格格不入，话不投机，特别是刘少奇和他三哥刘作衡之间的关系就是这样。刘少奇从小就是爱护穷人，同穷苦人心连心。刘作衡开了个铺子，刘少奇过去在假期里也曾帮忙站站柜台。可他并不认真做生意。遇到穷苦乡亲来买，他常常有意周济，不是多给货，就是少收或不收钱。刘少奇对 1910 年 4 月发生和波及到长沙附近各县的长沙饥民抢米事件记忆犹新。那年湖南各地大旱，饥民无食，连树皮草根都剥掘殆尽，饥民们骨瘦如柴、啼饥号寒之状令人伤心惨目，最后被逼得铤而走险，又被统治阶级残忍杀戮。刘少奇同情广大饥民的悲惨遭遇，他从心眼里就痛恨不法商贾乘人之危，对穷苦百姓进行泯绝天良的盘剥行为。他有机会就要照自己的主意去做，施善于穷人。刘少奇的义举，后来被刘作衡发觉。刘作衡十分恼火，大骂刘少奇是吃里爬外的败家子。所以刘作衡就对刘少奇不大看得惯。

　　刘少奇在家里的这种上不上、下不下的情况，使他在家里简直度日如年，住不下去，常在外面要好同学家中住宿，继续看点书，打发日子。家里人对他的我行我素既气恼也不放心，于是想用包办婚姻、强制成亲的封建桎梏来锁住他，使他慢慢

软化，不再想到外面去闯荡。但是他们完全想错了，这时的刘少奇哪是轻易动摇决心的人，他早已下定决心要同封建主义的东西进行不屈不挠的斗争。只要抱定了宗旨，要为大事业去奋斗，年轻人的作为是从不去计较它的后果的。与家人的愿望相反，刘少奇出走了，不辞而别。

当然还是去了长沙，其他地方没有门路。1919 年初，刘少奇作了长沙私立育才高等中学毕业班的插班生。一学期就可高中毕业，对窘急的刘少奇来说，那是再好不过了。但是那时候的学生书桌虽小，常常要摆不平，国家和民族的悲惨局面，常常使学生无法埋头苦读。刘少奇接着就被反帝反封建的五四运动的大潮吸引，以全副身心投入了这一激荡不已的爱国运动。

从那年年初开始，第一次世界大战的战胜国在法国巴黎召开和平会议，讨论处理战后的世界问题。中国政府的代表在全国舆论的压力下，在和会上提出了收回山东主权、取消"二十一条"不平等条约等的正当要求。4 月下旬，和会在各帝国主义国家的操纵下，不顾中国的正当要求，悍然决定把战前德国在山东霸占的一切权益交给日本。这种强权主义的做法，立即遭到了中国人民的强烈反对。首先在知识界和学生中激起无比愤慨。5 月 4 日，北京的十三所大专学校，学生三千多人，在天安门集会，示威游行，严正要求政府在巴黎和约上拒绝签字，并严惩亲日派官僚曹汝霖、章宗祥、陆宗舆。北洋军阀政府无视民意，出动军警，驱散和逮捕示威群众。北洋军阀的倒行逆施，更加引起公愤。5 月 5 日，北京学生实行总罢课，通电全国。各地学生纷纷罢课响应。

北京爆发的学生运动波及到长沙后，长沙市迅速成立了湖南学生联合会。在学生联合会的指挥下，刘少奇和长沙各校学生一起参加了罢课游行，开展爱国宣传活动和抵制日货的斗

争。为了把热火朝天的学生运动持续下去，进行坚持斗争，各校都提前考试。刘少奇不等毕业证书发到手，就急如星火般赶往全国爱国学生运动和新文化运动的中心北京，与京、津等地学生，一道参加了接近尾声的但声势仍很浩大的反帝反封建斗争。刘少奇通过在长沙和北京的学生爱国运动的实践，受到了一次深刻的民族自救运动和反对封建社会意识形态的新的文化启蒙运动的洗礼，使他进一步看清了媚日的反动北洋政府和盘踞在各地的封建军阀的反动性、腐朽性和对帝国主义的投降本质。刘少奇的民主主义的革命思想得到了新的升华。

学潮停息了，又回到了个人出路的问题。在中华民族忧愤屈辱的年代，在国家民族的灾难有增无减的年代，刘少奇该怎样铺开自己脚下的前程，考著名的最高学府北京大学？进军事学校继续再实现弃文习武的愿望？还是想别的什么办法？主意拿不定，一时七上八下。流连之间，在北京考了几所高等学府。北京大学是五四运动的策源地和大本营，正负着盛名，自然是青年们向往的地方，刘少奇也去考了。虽然都榜上有名，但他不是嫌学制太长，就是嫌学费过于昂贵，在不可能得到家里大笔经济支持的情况下，学习的费用问题是主要困难，像阴影一样压在心头。还有的是专业不尽如人意。思虑再三，结果都放弃了。路在何方？

五四运动前后，到西方去学科学、学技术、学革命理论，是当时一批先进的知识分子所认定的救国道路，国内的许多地方掀起了一股留法热潮，一些主要报刊不断发表宣传留法勤工俭学的文章，很多省、市设立主办留法事宜的机构和预备学校，不少地方的当政者和社会知名人士纷纷给予留法勤工俭学活动以支持和赞助。湖南省的留法勤工俭学活动在当时也是搞得比较热的省份，这对刘少奇不能不有所影响。于是为了解决一个学习经费的实际问题，刘少奇忍痛放弃进高等学府，选择

了走留法勤工俭学的道路。刘少奇原对达尔文的"人生于世，生存竞争，优胜劣败"的那些说法是接受的，而且是忠实地相信，愿意为它奋斗、牺牲都可以，像许多人那样梦想走"实业救国"的道路和"教育救国"的道路。因此一个偶然而冲动的念头，促使他不避冒昧地拜访了留法勤工俭学的著名发起人李石曾和范静生。李、范热情地接待了这位素不相识的不速之客。在他们的鼓励和推荐下，刘少奇进了保定育德中学留法预备班。终束了多少有点像游猎的生活。

留法预备班设有实习工厂，共分锻工、锉工、翻砂、机械四部，每部又分成几组，各部组的实习内容每周更换一次，循序进行。工厂锉工部装有柴油发动机一台，车床两台，锉工部有风箱、火炉、铁砧等设备。总之都还是像像样样的。刘少奇在这里学得一套较好手艺。

育德中学也是一所素有进步传统的学校。辛亥革命时，曾是同盟会在河北地区的秘密集会场所。五四运动中，师生们大都投入爱国狂澜。校长王国光和机械制图教师刘仙洲等有比较进步的思想。在这里，《新青年》、《每周评论》、《东方》等进步刊物，都能看到。刘少奇就是在这里读到李大钊的文章《我的马克思主义观》的。育德中学的师生们还自办刊物，发表进步思想，激扬文字，谈话纵横，慷慨陈义，介绍国内外形势、俄国十月革命和布尔什维克党的情况等。

这种情况的出现当然不是育德中学里的一个偶然现象。五四运动是爱国运动，又是文化运动，文化运动为爱国运动准备了思想条件，爱国运动又推动了文化运动的进一步发展，使原来由资产阶级文化思想所领导的旧民主主义的文化运动，转变为由无产阶级文化思想即马克思主义指导的新民主主义的文化运动。这个过程已经不可遏止。因为五四爱国运动所争得的胜利，包括罢免亲日派官僚曹汝霖、章宗祥、陆宗舆和拒签"巴

黎和约"等，并没有使中国人民，尤其是先进的知识分子获得满足，从而使大大激动起来的心情趋于平静。相反，他们在这场空前规模的爱国运动中认识了人民的力量后，面对十月革命以来的世界潮流，快快起来改造中国社会的呼声，要求得更急，喊得更响了。正如毛泽东所说："十月革命一声炮响，给我们送来了马克思列宁主义。十月革命帮助了全世界的也帮助了中国的先进分子，用无产阶级的宇宙观作为观察国家命运的工具，重新考虑自己的问题。走俄国人的路——这就是结论。"

　　在这思想解放、百家争鸣的生动环境里，刘少奇受到了前所未有的各种思想的冲击，包括了各种社会主义思想的影响和马克思主义的最初传播。他同师生中一些社会主义派人物的接近，使他的思想不断地向激进的方向演变。虽然他后来由于囊中空虚，留法预备班在 1920 年就停办等各种原因，未能踏上去法国留学的征程，但他的眼界已大为开阔，从此在他的面前开辟了一个已非是一乡一省的天地，具有了放眼世界的企求。任何牢笼再也不能锁住他，一切困顿反而增加了他对真理的追求，对红色苏俄的神往。

谋自强奔赴上海
求真理留学苏俄

刘少奇于 1920 年加入中国社会主义青年团，并于 1921 年冬在苏联留学时，由社会主义青年团员转为中国共产党党员。他是经过艰苦的探索和奋斗，成为中国最早的共产党人之一的。

1920 年夏，刘少奇从保定育德中学留法预备班出来，在平、津却找不到留学门路。留法勤工俭学的活动已处在衰落之中，朋辈风流云散。又因直皖战争发生，南北交通阻绝，欲回湖南而不能。身上的钱也快用光，真是一钱逼死英雄汉，只得在北平鼓楼附近的一位同学家里暂住，过着半饥饿的生活，处境窘迫不堪。理想与现实的矛盾在无情地煎熬着他：面对国家的积弱不振、民族的深重危亡和全国人民爱国热情的高涨，他抑止不住一颗年轻人的心的剧烈跳动，热血沸腾；面对自己的饱尝艰辛、报国无门、处处受阻、寸步难行的窘境，他又不由彷徨、郁闷、悲愤，心中焦虑。

"艰难困苦，玉汝于成"。在我国思想界发生大变动的五四时期，作为一个刚刚从封建家庭的罗网中冲杀出来的有志青年，刘少奇不能不和当时许多爱国的知识分子一样，和所有后来成为中国革命的中坚力量和无产阶级革命家的知识分子一样，都要不可避免地经历阵痛，经过一番反复的激烈的思想震荡和斗争，经过艰难而痛苦的思想转折过程。因此这时候，可以说现实的生活正毫不留情地逼迫刘少奇尽快寻找出路，选择方向。

为了寻求真理，刘少奇在北京逗留期间，频繁地接触了一些人，抓紧机会又阅读了一些进步刊物，对马克思主义，对俄国革命，更有了亲切之感。直皖战争结束，局面稍微平静一些后，刘少奇即打点行装返回湖南。在长沙通过梅冶成老师找到何叔衡。通过何与长沙俄罗斯研究会有所接触。俄罗斯研究会是毛泽东和何叔衡等组织起来的。当时俄罗斯研究会正按照在上海刚筹办的共产党发起组织的号召，组织革命青年到俄国去勤工俭学。刘少奇还通过何叔衡认识船山学社负责人贺民范。贺在社会上有一定名望，与陈独秀也有交往。刘少奇便由这样一些联系，进入了陈独秀等创办的上海外国语学社，主攻俄文，做赴苏留学准备。

　　上海外国语学社是这样办起来的：1920 年 4 月，第三国际派东方局的魏金斯基来中国开展工作，魏同李大钊、陈独秀等商议后，决定在上海首先成立中国共产党的发起组织，后称上海共产主义小组。上海共产主义小组成立后，为了培养干部和输送一些青年到苏俄去学习深造，回来推动中国革命，专门办了个"外国语学社"，由魏金斯基的翻译杨明斋当校长，魏金斯基夫妇、沈雁冰、李达、李汉俊等担任教师，教授俄、英、法等语言，主要是俄语。同时也学一点马克思主义理论，进行一些革命活动。刘少奇来到上海后就住在霞飞路（今淮海中路）渔阳里六号。这里不仅是社会主义青年团团中央机关所在地，杨明斋还办了个"华俄通讯社"。"外国语学社"是公开的，在门口挂了牌子。先后从各地来到这里学习的还有任弼时、萧劲光等二十多人。他们除学习俄语外，还参加陈独秀等发起的上海工读互助团和上海马克思研究会的活动，并且帮助《劳动界》刊物和华俄通讯社做些事务。刘少奇是工读互助团的负责人之一。他一面学习俄文，同时努力学习马克思主义理论，并开始到工人中间进行一些活动，到小沙渡劳动补习学校

讲课等。上海虽然繁华热闹，五光十色，灯红酒绿，但刘少奇发奋学习和工作，爱惜时间，很少上街游逛，给同学们留下深刻印象。

1921年开春，正是江南莺飞草长时节，刘少奇与任弼时、萧劲光等一行，经杨明斋的联系和安排，带着各种证件和介绍信，由上海吴淞港上船，踏上去苏俄的旅途。

刘少奇一行搭乘的轮船先到日本长崎，在长崎继续乘船往海参崴。一到海参崴，到处冰天雪地。因在上海时天已暖和，谁也没带厚棉衣，住在中国街的一家旅馆里，冻得不行，简直不敢上街。当时海参崴日本占领着，伯力已由苏俄红军所控制，伊曼河成为分界线，这边白色地段，那边红色区域，互相渗透，互相严密防范。刘少奇在同学中年龄较长，是组长，他们一行小心翼翼进入海参崴，就被北洋军阀政府驻海参崴的总领事馆所注意，连名字都知道，但把他们误作孙中山派往苏联去的人。刘少奇等几个同学，被借故抓了去审问。审问时，刀枪手两边站立，杀气腾腾。问刘少奇是什么地方人，干什么的，要到什么地方去，问得很凶。刘少奇虽然初临这种场面，倒也能沉着应付，不管他怎样吹胡子瞪眼，照样不慌不忙，不紧不慢，故意带着浓重的湖南话音，一一做了回答。说是湖南人，因家乡遭灾，出来谋生，做手艺糊口。又问会什么手艺。刘少奇说木工、铁工都拿得起来。审问者以逼视的眼光把刘少奇上下打量，将信将疑，要手下人检验刘少奇的手。刘少奇的双手还留着在留法预备班工厂实习劳动中的茧子。再问别的，刘少奇的一口湖南话真难听懂。审问的再没有耐心，挥挥手，把刘少奇等放了。

刘少奇一行根据原来的联系和安排，迅速与第三国际驻海参崴的机关和海参崴大学的教授伊凡诺夫接上头。伊要他们马上去伯力，以防在这里再发生不测。并给了他们每人一个用俄

文打印的秘密通行证，叮嘱千万妥为保存。在伊的安排下，刘少奇等乘上去伯力的火车。火车吭吭哧哧跑了一整天，在暮色苍茫中到达乌苏里，喘一声长气停下来。这里是交界处，所谓"真空地带"，火车到站了。但见各要口均为荷枪实弹的日本兵把守着，非久留之地。刘少奇等急忙下车，夹杂在人群里不知所向地跟着走了一程。天越来越黑了，见有一辆既不打灯光又没有鸣笛的火车慢慢驶来，他们不顾三七二十一，纵身攀上了这辆只有三节车厢的火车。

　　列车上的人发现有人上来，作了戒备，上前盘问。刘少奇等担心这些无标志的列车人员是白匪军，回答有些吞吞吐吐。这就更引起车上人员的怀疑，盘问得越发紧，说要全部枪毙他们。后来干脆对他们进行严格检查，一位同学的机密证件掉落下来。列车人员怔了一下，盯着证件一时没有作声。同学们也紧张得屏住了气，面面相觑。在这针掉下来也能听到声响的寂静中，突然一阵大笑，划破了似乎凝结的空气。列车人员亮出了赤卫军标志。同学们弄清这些列车人员是红军后，都把机密证件自动掏出来。没有国界的"同志"情谊，立刻把任何距离和陌生都消除了。红军把他们安排到头等车厢住下。刘少奇同列车长热热乎乎地坐在一起，连比带划地攀谈起来，谁也不知道对方到底懂了多少。同学们高兴得又欢又笑，尽情地享受着这"解放"的欢乐，疲惫和忧虑无影无踪了。

　　如释重负的刘少奇一行顺利到达伯力后，因铁路被破坏，休息了五六天。他们由苏联红军热情接待，吃住都有人负责，好好地休整了一下体力，改换了一下行装。接着搭上黑龙江轮船去布拉戈维申斯克（中国的传统名称叫海兰泡）。这一段航线也不太安全，有时走的是中国水域，有时走的是俄国水域，经常发生鸣枪停船检查的事。在这种情况下，刘少奇总是很冷静，从容不迫，使与他同行的同学感到在他身上有一种内在的力量。到了布拉戈

21

维申斯克，按照联系安排，找到红军驻军司令部。并在红军的安排下，踏上经赤塔继续前往莫斯科的旅途。

开往莫斯科的火车是一列装货物用的闷罐车，没有客车那样的条件。刘少奇一行也顾不了许多。火车没有煤炭烧，代用木柴。所以列车人员和所有旅客，不仅时而要一起对付那些白匪帮残余的骚扰和破坏，而且时而要下车去搬运木柴。火车就不得不走走停停，停停走走，前进得非常慢，往往在一个地方耽搁得很久。这样，带来的困难就更多，有时还领不到面包，饿一两天肚子。途中历时两个多月，天寒地冻，备受艰辛。但是正如半年后列宁在《十月革命四周年》中所说："重要的是，坚冰已经打破，航路已经开通，道路已经指明。"刘少奇他们看到苏联的劳动人民，觉悟的工人、农民、红军战士，党和苏维埃政府的工作人员，特别是苏联的共产党员们，在列宁缔造的布尔什维克党的坚强领导下，为恢复和发展国民经济、巩固苏维埃政权，正在努力排除万难，意气风发地战胜帝国主义的封锁围困，克服粮食、燃料等物资的严重匮乏，对于击退外国武装干涉者的胜利感到十分自豪，对于社会主义事业的光明前途抱着无限信心，表现出了顽强的战斗精神、高度的主人翁态度和共产主义觉悟。最使刘少奇深深感动的是，这个国家这样困难，自己的叫花子很多，自己的人民还吃不饱，但还拿出"面包"来给他们这些寻求革命的人，帮助中国的革命，表现了真正的无产阶级国际主义，刘少奇下决心也要加入像列宁领导的这样的全心全意为人民的布尔什维克党，不惜牺牲地为共产主义事业奋斗终生。他明白了社会主义革命的艰巨性和它的深刻意义，增强了自己献身革命事业的决心和坚定性。他们现在所经受的这些困难又算得了什么呢？这时候中国国内，毛泽东等正在酝酿成立中国共产党。十月革命的经验表明，无产阶级革命要取得胜利，必须有一个马克思列宁主义政党的领导。

这是革命成败的关键。1921 年 7 月 1 日，中国共产党在上海应运产生。这是远在国外的刘少奇等所向望和暂时还知道不详的事。

1921 年夏，刘少奇一行抵达莫斯科。莫斯科河畔已经绿草如茵，灌木丛透出青色，漫长的寒冬迹象完全消失了。

这时适逢共产国际第三次代表大会召开。会议从 1921 年 6 月 22 日一直开到 7 月 12 日。刘少奇等也得到机会参加轮流旁听。大会在莫斯科大剧院举行了盛大的开幕式，五千多座位无一虚席。四望人海，人头攒动似波浪起伏。演奏《国际歌》，高唱《劳工歌》，掌声和欢呼声滚滚如雷。开幕式后，共产国际代表大会就在克里姆林宫安德莱大厅进行。这是一座稀有的艺术之宫，大会更给它增添了异样的光彩，红光四射，瑰丽无比。使刘少奇等更感到荣幸的是，在会上见到了伟大的国际无产阶级革命导师列宁的风采，聆听列宁报告，兴奋之极，尽情鼓掌。

刘少奇带着无比激动的心情，进入在这一年 5 月间刚成立的莫斯科东方劳动者共产主义大学学习。列宁的重要助手斯大林是该校名誉校长，就这一点，也使同学们感到荣幸之至。学生大多来自苏联远东各少数民族，有一部分是从远东各国来的，有中国、日本、朝鲜等国家的。中国学生人多，被单独编为中国班，有刘少奇、任弼时、萧劲光、罗亦农等四十多人。课程大都由俄国教师来教。开始教学非常困难。因为中国学生除了个别有点俄文基础外，都是初学俄文，刘少奇等在上海外国语学社只打了几个月的底子，听和说都比较吃力。另一方面俄国教师中，也是除个别外，都不懂中文，教起来无法因中国学生而异，无所谓讲深了还是讲浅了。学习的内容很多，有《共产党宣言》、联共党史、国际共产主义运动史、哲学、政治经济学等，要接受的新名词就有一大堆。实际教材也不很像

样，工具书也只有哈尔滨出版的很粗糙的《俄华辞典》。同学们深感学习困难。后来就请正在苏联采访的瞿秋白，还有别的人来当政治理论课程的翻译。瞿秋白也在班中讲授俄文、唯物辩证法、政治经济学等课程。他为了让这些历尽艰辛、冒着生命危险到苏俄来寻求真理的青年学生能学好课程，想方设法收集适用教材，认真细致备课，尽量讲究教授方法。并经常深入到学生中去，了解学习状况，进行具体帮助。这样也就使教学有了一定改观。

当时的生活也极艰苦，吃穿住的物质条件都很差。白匪帮虽然已被基本消灭，但其残余分子的流窜活动还很猖獗，反革命分子到处破坏，社会秩序还没有完全恢复正常，不安定情况还很严重。由于连年战乱，俄国的经济状况十分困难，粮食奇缺、燃料匮乏的局面还未根本扭转。苏维埃正处于百废待兴之中。刘少奇和同学们白天上课，晚上还要参加站岗放哨，做学校的保卫工作。星期天以至星期六，还得到工厂参加义务劳动。体力的消耗比较大，营养却严重不足。学校为了照顾留学生，已经尽了最大努力，让他们享受红军战士的同等待遇。据说列宁也不过如此。每人每天发到四两重的两块黑面包。大家的穿戴，大都从欧洲工人阶级那里募来，配给时很难管得尺寸。冬天到来多发一套薄麻布黄衣服，一件军大衣和一根束腰皮带。站岗放哨，安息睡觉都离不开它们。四十多人共住一大间加一小间的平房，尽管住得很挤，夜里仍然寒气袭人。刘少奇等大多是南方青年，日子格外严峻。有少数同学经不住考验，后悔起来。刘少奇却始终表现得很坚定，认为艰苦的生活可以锤炼人的意志，激发人们的革命事业心。他循循善诱地鼓励同学们团结互助，克服眼前的严重困难，坚持下去。刘少奇自己，更是一意鞭策自励，如饥似渴地发奋学习，研求马列主义真理如何运用于中国革命。

演主角立志工运
大罢工名震安源

　　1922年元旦，东方大学组织新年联欢晚会。中国班排练了一出罢工故事独幕戏，以中国的封建军阀和资本家如何镇压工人运动，工人如何英勇反抗为情节。刘少奇扮演工人主角。这个演出，也许是促使刘少奇愿意从事工人运动的一次契机。在一次填写工作志愿的表格中，刘少奇表示愿意做工人运动的工作。刘少奇已改变了原来"弃文习武"的意愿。他把一切希望寄托在无产阶级的身上。

　　1922年刘少奇回国后，便与李立三一起领导了安源大罢工。

　　安源在江西省西部萍乡县境，邻近湖南省。安源煤矿是我国最早的官僚买办企业之一，是汉冶萍公司的重要组成部分。为解决煤炭的运输问题，还有一条为安源煤矿修建的约90公里长的株萍铁路，与煤矿合称安源路矿。在1922年前后，全矿雇用1.2万多工人，在株萍铁路上还有1100百多工人。在帝国主义、官僚买办和封建势力几重大山下，安源路矿工人受尽残酷的政治压迫和经济剥削，过着极其悲惨的贫困生活。我们从刘少奇等所写的调查材料上可看到当时情景。煤矿工人劳动强度大、劳动时间长，每天多达12小时。工资极低，不仅受资本家压榨，还受封建包工头盘剥。条件十分恶劣，20平米左右的房间住四五十人。吃的粗陋无比。洗澡池脏得像泥沟。一所很不健全的医院，医生态度极坏，对人如对牲畜。矿

上设备很差，冒顶、倒塌、灌水、起火、瓦斯爆炸等事故，司空见惯。死一个工人，矿局只给安葬费 16 元。当时一匹马的价值是 60 元。所以，矿井发生事故，救马忙于救人。工人人身全无保障，自矿长以至各级职员及工头、管班等都可随便殴打工人，滥用私刑。

哪里有压迫哪里就有反抗，压迫愈深反抗愈强。诚如刘少奇等所说，安源的工人"性格十分激烈，不畏生死，重侠好义，极能服从"。只要有人出头，喊出"组织团体、解除压迫、改良待遇、减少剥削"等口号，即万众响应，并力而起。正因为有这样基础，所以李立三、刘少奇到安源后，立刻就把路矿工人给发动起来。

1921 年 11 月，李立三等按照中共湘区委员会和毛泽东（时为中共湘区委员会书记兼中国劳动组合书记部湖南分部主任）的指示，到安源开展工作，创办工人夜校，培养工人运动骨干，发展工人党员。于 1922 年 2 月成立了中国产业工人最早的安源党支部，5 月成立了安源路矿工人俱乐部。李立三当了俱乐部主任。工人俱乐部的成立，使煎熬在社会最底层的安源产业工人，迅速集结到一起来，形成了一股强大的有组织的阶级力量。路矿当局，为之忐忑不安。一面采取笼络手段，从内部进行破坏，一面进行威胁，诬称工人俱乐部是"乱党机关"，扬言要以武力查封。有着党的领导，已经提高了一定阶级觉悟的工人俱乐部毫不为动。路矿当局软硬兼施的做法，只引起广大工人群众的反抗意识。由于路矿当局拖欠工人工资数月不发，市场物价飞涨，工人生活每况愈下，更加困苦不堪，十里矿区怨声载道，工人们要行动起来，早已存在一触即发之势。这时汉冶萍公司的另一部分汉阳铁厂的工人，为增加工资、改善待遇和反对武力封闭工人俱乐部而发动的罢工斗争，取得了重大胜利。消息传来，安源工人再也按捺不住，群起要

求自己的俱乐部也举行罢工斗争，以实现自己的利益。安源地火喷薄欲出。

9月初，毛泽东赶来安源了解情况。听取汇报后，认为发动罢工的条件已经成熟，对罢工的思想组织工作作出布置。毛泽东回到长沙后，为保证罢工取得胜利，决定增派归国不久的刘少奇去安源，协助李立三领导罢工斗争。刘少奇于9月11日急急忙忙赶到安源，即与李立三共商对策。并深入到工人中了解情况，发动群众。俱乐部因此向路矿当局提出保护俱乐部、津贴俱乐部和在七天内将所欠工人工资一律发清等三项要求，限定12日午前作出完全答复，以息众愤。否则，工人们就要作最后对付。

路矿当局两次回话，都毫无诚意。刘少奇、李立三和工人代表，便于13日共同作出罢工决定。为了更好地领导罢工，刘少奇和李立三一起进行了深入细致的工作，把各种问题都想到。他们先后紧急召开党支部会议和工人代表会议，研究各方面情况，检查罢工准备，交代注意事项。

在党组织召开的紧急会议上，刘少奇循循善诱，分析罢工的具体形势和应采取的策略。指出当时有三个有利条件：一、汉阳铁厂和粤汉铁路工人罢工的胜利给了安源工人以很大鼓舞，现在工人群众的斗争情绪很高，决心很大。二、俱乐部已在工人中树立威信，言听计从，只要俱乐部一发动，绝大多数工人都会参加罢工。三、路矿当局是害怕工人罢工的。他们的后台是帝国主义，他们不敢得罪帝国主义。如果工人一罢工，煤挖不出来，运不出去，他们在帝国主义面前就不好交差。刘少奇的中肯分析，有力地统一了党内思想，坚定了全体党员发动工人罢工的最后决心。

在工人代表会议上，俱乐部毫不隐瞒地对一万多工人能否在罢工中齐心协力，能否维持罢工的秩序表示担心。经过刘少

27

奇和李立三等俱乐部领导人的陈述利害，各处工人代表一致担保，表示自己那里的工人能够齐心协力，维持罢工秩序，在罢工期间将更加文明，更加有纪律，一定听从俱乐部的指挥和调动。

经工人代表回去做好工作后，又召开工人群众大会。刘少奇、李立三都作了鼓动性的讲话，说明罢工意义和目的，所要注意的事项，要求工人们加强团结，作不屈不挠的英勇斗争。刘少奇指出，要取得罢工的胜利，光凭革命热情是不够的，还要有革命的坚固团结和严密秩序。搞这样一次有一万多工人参加的大罢工，不仅在安源是第一次，而且在整个湘赣地区都是前所未有的，应该力争成功。在大罢工中能否维持秩序，关系到斗争的成败。

安源素有"小上海"之称，社会成分相当复杂，三教九流，什么样的人都有，社会秩序本来就很乱，弄不好，哪一个方面都可能来影响罢工秩序。特别是帮会组织在安源也较多，其中的红帮势力为最大，他们在安源开设赌场、妓院、鸦片馆等，既剥削工人，也毒害工人。这些帮会组织的能量很大，破坏力极强。在罢工期间对他们不弄妥帖，显然有害。因此刘少奇和李立三也布置作了争取红帮等的工作。红帮会头子拍胸脯保证配合俱乐部的罢工行动。

一切就绪。14 日凌晨，各处汽笛长鸣，发出罢工信号，安源路矿一万多工人参加的大罢工，像火山一样爆发。煤矿停止挖煤，开往株洲的火车僵卧在铁轨上。俱乐部监察队在队长周怀德带领下，各处放哨巡逻，整肃秩序，担负保卫，没有俱乐部通行证，任何人不得在矿区内通行。工人举动"极为文明"，社会"秩序井然"。俱乐部不仅是矿区工人罢工的司令部，而且成了矿区真正的权力机关。

罢工前夕，毛泽东曾对这次罢工斗争的策略提出建议，说

"哀兵必胜"，罢工的口号等一定要"哀而动人"。刘少奇和李立三积极地贯彻了这一意图，大作"从前是牛马，现在要做人"的罢工号召。罢工宣言发出了极其凄婉感人的声音：我们的工作何等的苦呵！我们的工钱何等的少呵！我们所受的压迫已经到了极点。我们的工钱被当局积欠不发。我们要命！我们要饭吃！现在我们饿着了！我们的命要不成了！我们于死中求活，迫不得已以罢工为最后的手段。接着罢工宣言根据工人所受的压迫和剥削情况，严正地提出了要求"改良待遇"、"增加工资"、"组织团体"等十七条复工条件。

在俱乐部作出罢工决定时，成立了罢工指挥部，李立三担任罢工总指挥，刘少奇担任与路矿当局谈判的全权代表。因李立三在安源人人都认识，怕易被人暗算，俱乐部决定李立三住在秘密地方进行秘密策应。初来乍到还不为人所熟悉的刘少奇，则长驻俱乐部对外应付一切。罢工后，俱乐部同时函告路矿两局，称："如欲调商，即请派遣正式代表由商会介绍与俱乐部代表刘少奇接洽。"

面对安源的"掀天风潮"，路矿两局极度恐慌，当天清晨，就向萍乡县署，赣西镇守使署和总公司告急，要求军政当权者马上采取措施、派兵弹压，要求总公司火速回应对策。并终于疏通赣西镇守使肖安国将安源路矿划为特别戒严区，设立戒严司令部。9月14日下午，以"每人两元一天"的花销，请来李鸿程旅数百名士兵，荷枪实弹，进占俱乐部和各个重要工作处。15日，即有愤怒的数千工人冒死冲入俱乐部。守兵着慌，一个个由俱乐部后门鼠窜而逃。同时，刘少奇便在士兵中进行教育工作，工人们也跟着向士兵作宣传，诉说工人所受痛苦，工人和当兵的都是穷苦人，不能自己人对自己人，为别人卖命，工人罢工也应得到当兵的支持。许多士兵被说动了心，对罢工同情起来。

　　路矿当局在它的破坏罢工的阴谋屡遭挫败后，被迫挽请商会出面，约请俱乐部代表谈判。9 月 16 日，刘少奇应约赴矿局公事房谈判。萍矿矿长李镜澄、副矿长舒修泰，充当调停人的豪绅文仲伯、贾旸谷，戒严司令李鸿程都已坐在那里。谈判一开始，刘少奇和李鸿程两人首先短兵相接。李鸿程依仗手中武力，摆出一副不善的架势。刘少奇哪管你这一套，也是"善者不来，来者不善"，从容不迫，申明罢工理由。强硬要求路矿两局不要存心拖延，要表现出解决问题的诚意。李鸿程没说几句话，就图穷匕现。威吓说，工人罢工，这是作乱，是犯法的，坚持下去，就将刘少奇"先行正法"。刘少奇凛然回答，罢工是一万多工人的行动，罢工条件是一万多工人的要求，绝不是谈判代表一个人的行动和要求，你就是把代表"砍成肉泥"也无济于事。李鸿程又一横说，对一万多工人也有法子制裁，这里有许多兵呢。刘少奇不容李鸿程再强横霸道，愤怒地说："那就请你下令制裁去！"谈判僵住了。

　　这时候，几千工人正在外面声援自己的代表，把公事房围得水泄不通，只见人头汹涌，举臂如林，阵阵发喊，惊天动地一般。声言谁敢动刘代表一根毫毛，就把路矿两局打它个精光。并请刘少奇不要在这里谈判，要谈判到俱乐部去。面对这种场面，不仅充当调停人的豪绅文仲伯、贾旸谷吓得面如土色，如坐针毡；就是矿长李镜澄和副矿长舒修泰也都慌了神，心急气短起来，眼看再要强硬不是个事，李鸿程和两位矿长都软了态度，"唯唯要求而已"，不再坚持原来要工人先开工后谈判条件的要求，表示可以先谈条件，请刘代表先回，下午再来商量。刘少奇严正申明，要他们不要再耍手腕，如果还是那样，下午就不必谈，如以为用别的方法可以解决问题的话，就请现在把他这位代表给砍了。说完，刘少奇昂然起身，在工人们簇拥下回到俱乐部。

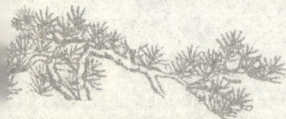

当下，被刘少奇的气概所慑服的李鸿程，也即给俱乐部写了一封信，代表驻军表示道歉，并愿意作为中间人进行调解，从速解决问题。广大工人群众为此受到极大鼓舞，对刘少奇的坚决勇敢的斗争精神非常敬佩，称他"一身是胆"。

但是在谈判桌上的斗争依然是一场硬仗，双方讨价还价，争论得舌敝唇焦。经过刘少奇、李立三的坚决斗争，9月17日深夜，终于达成十三条协议。路矿代表像斗败了的公鸡，无可奈何地在他们向总公司递呈的电文中说："对于十三条如若不答复，则决裂，决裂以后，路矿产业也不能保……与其坚持，造成产业破坏，毋宁示弱以保产业。"

从十三条协议看，原来十七条的要求绝大部分得到实现。它标志着安源路矿大罢工取得了完全胜利，这是安源路矿工人在中国共产党人刘少奇等的领导下进行英勇斗争的结果。中共中央职工运动委员会书记邓中夏在评价这次罢工胜利时，满腔热情地说：安源路矿"在罢工中表示群众高度的热忱与勇气，经过五日，终使路局屈服，承认工人十三条件，最主要的是承认工人俱乐部所有代表工人之权及增加工资，完全胜利"。

安源罢工规模之大，参加人数之多，"未伤一人，未败一事，而得到完全胜利"，这是中国工人运动史上所罕见的。安源工人俱乐部因此旗帜大张，万余工人争先恐后纷纷加入。俱乐部随即进行改组，选出主任团，李立三为俱乐部总主任，刘少奇为窿外主任，余江涛为窿内主任，朱少连为路局主任。不久，李立三调离安源，刘少奇先为代总主任，1923年8月正式接任，并担任了汉冶萍总工会主任的职务。他致力发展工会事业，健全俱乐部组织，促进工人团结，维护工人利益，纠正"左"倾错误，不稍懈怠。他呕心沥血写下许多重要文章，一步步出色地指导了工人运动的持续发展。1923年"二七"京汉铁路工人大罢工失败后，腥风血雨，北洋军阀对工人群众变

本加厉镇压，工会被一律查封，全国的工人运动转入低潮。即使在这种情况下，唯有安源，在刘少奇的正确领导下，立取守势，不骄傲，不盲动，不冒险，巩固内部，坚守已经取得的阵地，渡过许多危险，仍然继续取得许多有限度的胜利，使安源工会搞得有声有色，在全国工人运动的低潮中能"硕果仅存"，为安源赢得"小莫斯科"之称。

五卅运动高举反帝大旗
省港罢工努力组织工会

在安源两年多一点的奋斗中，刘少奇不仅因此名震安源，而且在全国的工人运动中崭露头角。1925年1、2月间，刘少奇赴广州参与第二次全国劳动大会的筹备和领导工作。

大会按照计划于5月1日在广州召开。历时七天，通过了工人阶级与政治斗争、工人阶级与经济斗争、组织问题、工农联会、中华全国总工会章程、加入赤色职工国际等三十多个决议案。其中许多是刘少奇执笔起草和主持起草的。他作了关于《工人阶级与政治斗争议案》的报告，并代表劳动大会筹备处作了会务报告。在这次会议上，中国工人阶级全国统一的工会领导机关，中华全国总工会正式宣告成立。刘少奇和林伟民、苏兆征、邓中夏等被选为执行委员。在执行委员会会议上，刘少奇被选为中华全国总工会副委员长，委员长是林伟民。中华全国总工会会所设在广州，并决定在上海建立办事处。刘少奇认为，上海是中国工人阶级集中的地方，加强对这里工人运动的发动、组织和领导，对全国工人运动的发展有极其重要的作用。大会闭幕不久，刘少奇即赴上海组织中华全国总工会上海办事处。从此，刘少奇成为指导全国工人运动的领袖，随即参与领导了震撼中外的五卅运动和省港大罢工。

1925年5月爆发的五卅运动，是在中国共产党领导下的工人群众为中坚的全国人民反对帝国主义的一次伟大的革命运

动。五卅运动的直接导火线是，5月15日，上海日本纱厂资方为了取缔工会、镇压罢工，枪杀共产党员工人顾正红，打伤工人十多人的事件。事件发生后，上海日本纱厂两万多名工人举行大罢工。上海文治大学、上海大学学生起来援助工人的反帝斗争。租界巡捕逮捕学生数人。帝国主义者竟欲妄加"扰乱治安"的罪名，准备在5月30日对被捕学生进行公开审讯。到了这天，上海各校学生二千多人，便在公共租界散发传单和进行演讲，揭露顾正红被枪杀、学生被逮捕情况，提出"收回租界"、"打倒帝国主义"等爱国斗争的口号。

刘少奇是在五卅运动爆发前夕来到上海的，他刚到就马上参加和领导了这一运动，便用一切方法去动员群众，拿被打伤者的血衣及被打死的工人照片，到一些学校去做鼓动工作。单在闸北区，刘少奇就组织起三十多个学生演讲队，亲自到北站附近的广场上向集合的学生分配任务。其中一支学生宣传队，走到南京路，遭到英国巡捕的大肆逮捕。

仅南京路老闸捕房一处，被关押的学生就有一百多人。近万名愤怒群众，聚集老闸捕房门口要求放人，高呼"打倒帝国主义"、"全中国人民团结起来"等口号。丧心病狂的英国捕头爱伏生竟下令向徒手的群众开枪围捕，当场打死爱国学生5人、爱国市民11人，重伤15人，逮捕53人，制造了震惊世界的五卅惨案。

第二天，在蔡和森、瞿秋白、刘少奇、李立三、刘华等领导下，上海有组织的20多万工人成立了上海总工会。6月1日，上海总工会公开成立，发表宣言和告全体工友书，宣布要为反对帝国主义屠杀中国人民而举行总同盟罢工。不仅工人，上海的学生和商人，也热烈响应了这一号召，实行罢课和罢市。刘少奇曾对当时的情况作过这样描述："此时上海工厂无人做工，商店罢市，轮渡不通，车马断绝，交通为之梗阻……

同时上海学生亦一律罢课，即各教会学校也都加入。那时我们到上海马路一看：只见满街贴的是反帝国主义的标语、口号、图画。处处都有游行的，演讲的，募捐的，演戏的，闹个不休，个个人都忙着反对帝国主义的工作。"

　　为把反帝运动不仅在上海很快推动起来，并迅速扩展到全国去，6月1日当晚，中共中央会议决定成立"上海工商学联合会"，作为全市反帝运动的公开的统一领导机关。6月7日，上海总工会即出面号召上海学生联合会、上海各马路商界联合会，成立以工人为主体，联合各界反帝力量的"工商学联合会"。并提出与帝国主义作交涉的十七项条件，其主要内容是取消领事裁判权，永远撤退英国驻扎中国的海陆军，中国人在租界内有言论、集会、出版的绝对自由，中国工人有组织工会、罢工的自由，以及惩凶、赔款、道歉等。6月11日，在刘少奇的组织和参加下，上海工商联合会举行了有十万人参加，以实现十七项条件为主要内容的市民反帝大会。于是"铜山东崩，洛钟西应"，刘少奇等领导的五卅运动，推动了全国反帝运动的发展，中国近代史上空前未有的大革命风暴迅速由上海席卷全国。群众性的抵制英货、日货运动，"打倒帝国主义"、"取消不平等条约"、"撤退外国驻华军队"、"收回租界"等口号，在全国深入人心。沉重地打击了帝国主义在华的侵略势力。

　　到8月份，斗争的形势开始严重变化。当奉系军阀进入上海镇压民众运动的时候，开始因慑于当时声势浩大的反帝浪潮，也曾不得不故作姿态，捐款给上海学生联合会，表示是来防御外敌的。接着就逐渐显露本来面目，他们从7月下旬起，逐个封闭了工商学联合会、海员工会、洋务工会等民众团体。上海数十万工人的罢工苦斗，不仅因支持两个月以上而日益感到救济金的缺乏，而且日益受奉系军阀各方面的沉重摧残而很

难支持下去。在商界停止罢市后不久，接着便是暑期，学生纷纷离校，回家度假，上海学生联合会的力量大为减弱，工人阶级的斗争形势日渐不利。鉴于这种情况，8月上旬，中共中央为了保存工人阶级的革命实力，作出关于有组织、有条件地复工的指示。刘少奇在领导上海总工会的工作中积极地贯彻了这一方针，把斗争的坚定性和灵活性很好地结合起来。上海总工会正式发表宣言，提出九条复工条件，要求保障工人的各种权利，不得开除罢工工人，提高工资，改善劳动条件，赔偿死伤等。刘少奇还同各厂的工人代表一起，仔细地研究了每一个工厂的复工条件。

9月7日，英国巡捕又打伤了在爱多亚路示威游行的工人。这一天是辛丑条约二十四周年国耻纪念日。它因"五卅"运动反帝斗争的影响而更加敏感，使中国人民深切地感觉到帝国主义者在中国的残暴侵略。因而上海的人民群众在这一天，虽然组织者曾因故临时变更行动日期，但仍然有"不期而会"者二十多万人参加了示威游行。上海的工人阶级，更在其中表现出了足以使敌人心惊胆战的强大力量。所以，灭绝人性的帝国主义者，竟又不顾一切地采取了凶残的手段。

第二天，刘少奇主持上海总工会所属各工会代表大会，报告了英帝国主义继续逞凶施暴的犯罪事实。会议决定：由上海总工会派代表与社会各人民团体组织联系，请求一致援助；由上海总工会联合各人民团体，派代表向官厅请愿，要求提出严重交涉；坚持并争取扩大英商工厂的罢工，不达胜利目的不止；所有已复工的工友，每人每月捐出一天的工资，帮助英商工厂的罢工工友。9月10日，刘少奇又主持召开英商工厂工人代表大会，他在讲话中指出，9月7日英国巡捕又在爱多亚路对我工人兄弟行凶，因此，尽管华商工厂和日商工厂的工人都已复工，英商工厂的工人罢工一定还要坚持下去。

"九七"事件后的情况越来越反动。中国的统治阶级也靠着帝国主义的淫威加紧压迫革命，军阀官厅禁止一切集会，禁止罢工，解散工会，种种手段无所不用其极，使得蓬蓬勃勃发展起来的反帝爱国斗争运动在上海受到严重的挫折。他们自8月中旬雇用流氓对上海总工会大打出手，没有能达到摧垮上海总工会的目的之后，淞沪戒严司令部及淞沪警察厅，竟于9月18日奉北京政府（奉系军阀政府）命令，强行封闭上海总工会，逮捕总工会职员刘贤之、杨剑虹，通缉总工会领导人。并限令上海总工会所属一百二十多个分会，即日自行解散。这时刘少奇又领导产业工会进行了反封闭斗争。上海总工会为此致电北京政府、广州国民政府及各人民团体、各报馆，指出上海总工会是上海20万爱国工人的组织，成立已经四个月，参加爱国运动，维持罢工秩序，严守纪律，绝无轨外行动。现当外交垂危，正赖民气为后盾，可上海地方当局的长官们，竟无端加以摧残，让20万工人失去维系，给地方治安留下隐忧，且予爱国运动以重大打击，使外强得以乘机施逞。因而要求主持公道，予以实力援助。刘少奇还召集秘密会议，讨论了对于上海总工会被封，刘贤之、杨剑虹被捕及工人被开除等事的抗议办法。

不停顿的连续战斗生活，严重损害了刘少奇的健康。在上海总工会被封闭前，刘少奇早已积劳成疾，及至上海总工会被封闭后，他为此四处奔走，抱病工作，焦烦的事务使他日夜不得休息，病势日益加重。迫不得已，于11月间回湖南休养。不久就去了革命中心广州。

1926年3月3日，中华全国总工会对刘少奇的来到举行了盛大欢迎会。随后因林伟民病重，刘少奇就代理林的中华全国总工会委员长职务。他在主持中华全国总工会工作期间的一项重大任务，便是立即参加了省港大罢工及广州和各地的工人

运动。

省港大罢工是为支援上海的工人运动，为争取民族自由和国家独立而举行的反帝大罢工。五卅惨案发生后，中华全国总工会立即派苏兆征、邓中夏等去香港，李森、刘尔崧等到广州沙面租界，分头发动工人罢工以响应上海工人阶级的反帝斗争。1925年6月19日，香港10万多工人起来罢工，声明拥护上海工商学联合会提出的解决五卅惨案的十七项条件。并提出自身的要求六项，要求香港英国政府给予政治自由、法律平等、普遍选举、劳动立法、减少房租和居住自由。香港当局以宣布戒严、禁止粮食出口、封锁以政府的力量援助香港工人抗英罢工运动的广东革命政府等办法，来对付香港工人的罢工行动。广大工人群众激于民族义愤，勇敢无畏，纷纷离港前去广州，坚决与英帝国主义者作不妥协的斗争。

6月23日，在苏兆征、邓中夏、周恩来、陈延等的带领下，广州的工人、学生、黄埔学生军等各界，以及广州四郊的农民和一部分从香港来的工人，举行了约十万人的反帝游行大示威。当游行队伍经过沙面租界对岸的沙基时，疯狂的英帝国主义者竟开枪射击，甚至还在军舰上进行炮轰，当场死亡52人，重伤170人，轻伤不计其数。继五卅惨案，不到一个月，英帝国主义又在广州制造了沙基惨案。英帝国主义这又一次犯下的对华罪行，立即把广州和香港两地广大群众的怒火燃烧了起来。香港的罢工人数一下激增到25万，并有13万人陆续回广州。在这种情势下，中共两广区委和中华全国总工会为进一步加强省港大罢工的领导，选举产生了罢工代表大会和罢工委员会，作为最高的议事机关和执行机关，苏兆征和邓中夏被选为正副委员长。刘少奇来到广州的时候，如火如荼的省港大罢工正处在重要关键时刻。为进一步开展广州、香港的工人运动，夺取省港大罢工的胜利，刘少奇以极大精力投入了力谋工人阶级内部团结，有计划、有步骤实现统一香港、广州各工会组织的工作。

刘少奇深知工人大联合的极端重要性。但这又是一件极其复杂和麻烦的事，必须要有顽强的锲而不舍的精神去对待它。刘少奇针对当时广州、香港各工会之间存在着组织涣散、派系林立、各自为政、行动不统一等现象，作了大量而细致的组织工作。

当时，广州和香港的工人运动虽然发展很快，但是由于一些工会领导人对组织统一的工会问题的重要性认识严重不足，同一地区同种工作性质的工人群众，没有能组织在统一的工会里。香港的工会组织，大大小小就有一百多个，分别为工团总会派、华工总会派和无所属派三大派系所掌握。这些工会，大部分属于行会性质，属于产业工会或职业工会性质的很少，大都为资本家及其代理人所操纵。广州的工会组织，情况也差不多，大大小小的工会有二百多个，分属于广东总会派、机器工会派和广州工人代表会三大派系。广东总会派和机器工会派是受国民党右派、资本家及其代表控制的，只广州工人代表是中国共产党影响和领导下的革命工会组织。这种情况不能不影响工人阶级战斗力量的发挥和斗争的胜利开展，决定着许多问题的盲目性，和各行其是。

为了改变这种历史状态，促进各工会组织的联合，凝聚工人阶级的战斗力，统一工人阶级的意志和行动，刘少奇深入细致地调查和研究了广州、香港两地工人运动的历史和现状，分析了出现各工会组织不统一的复杂原因，提出了促进工会联合的具体措施和相应办法。他不仅与各派工会的领导人真诚地亲切谈话，同他们讨论问题，听他们的意见，向他们做工作，说明工会组织大联合的重大意义，帮助他们消除狭隘的甚至封建的门户之见和行帮思想，以及各工会组织之间长期积存的误会

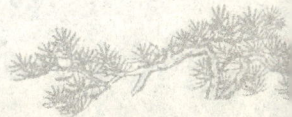

和隔阂；并主持召开了各种类型的工人座谈会，互相交流思想，听取各方面的反映；引导工人群众加强团结，共同战斗。上上下下地进行苦口婆心的指导，要求工人阶级按照各行业、各系统成立新的产业工会或职业工会。在刘少奇的启发引导、教育和帮助下，广州、香港各行各业各系统的工人很快行动起来，重新组织起来，加紧联合起来。香港运输业工会联合会、香港金属业总公会、街市业工人联合会等等，相继成立。广州的各派系工会组织也逐步按行业、按系统归于统一。

在各派系工会组织初步得到按产业组织系统实现统一的基础上，刘少奇又加紧领导中华全国总工会开始组建香港和广州工会的领导机关。

4月上旬，刘少奇出席广州工人第一次代表大会，代表中华全国总工会致词说，中华全国总工会庆祝广州工人第一次代表大会在世界革命的高潮中联合一致以取得胜利，你们以后的责任，是应该怎样整理自己的内部，巩固这个战线，延长这个战线以及于全中国全世界。刘少奇还代表中华全国总工会主持召开了香港总工会筹备委员会第一次会议，在会上提出了筹委会的组织法和负责人名单，着手建立香港总工会。香港总工会即于4月15日宣布成立。刘少奇在成立大会上作了全国职工运动的报告。同时，广州的各派工会也于4月间成立了统一机构广州工人代表会，有二百一十多个工会加入进来，有组织的工人近二十万。刘少奇在成立大会上也作了报告。于是，香港、广州工会的统一运动初步告成，壮大了反帝反封建军阀的革命力量和声势，充分体现了工人阶级在革命斗争中的主力军作用。

在罢工斗争深入进行、工会组织统一运动的基础上，为加强罢工队伍的建设工作，刘少奇主持下的中华全国总工会和省港罢工委员会，于1926年4月共同成立了教育宣传委员会，

拟出大规模的宣传教育训练计划。先后创办了 1 所劳动学院，11 所工人补习学校，8 所罢工工人子弟学校，一所劳动妇女学校等，以大规模、有计划地培训罢工工人积极分子和工会骨干，以至罢工工人的子弟等。此外，还对罢工工人纠察队专门进行了一系列严密的培训工作。刘少奇还在劳动学院担负教职，专讲《工会组织法》。

正是在刘少奇等共产党人的努力下，省港大罢工得以坚持一年又四个月之久，直到 1926 年 10 月才宣告结束。这是世界无产阶级罢工斗争史上，坚持时间最长的一次成功范例，证明了中国的工人阶级是最革命的阶级，是中国革命的领导阶级。

与工农奋起收回租界
和同志坚决抵制逆流

1926 年 7 月，广州国民政府正式发表《北伐宣言》，国民革命军分三路进军，大举北伐。由于五卅运动后民气高涨，工农群众的奋起参加革命，使得北伐军以摧枯拉朽之势向前推进。在北伐的主要战场两湖方面，进展尤其神速。7 月 11 日，北伐军进入长沙。8 月下旬，叶挺独立团攻占鄂南的两个战略要地汀泗桥和贺胜桥，打开通往武汉的大门。9 月上旬，北伐军总攻武汉三镇，连克汉阳、汉口。10 月 10 日，再克武昌，吴佩孚军阀势力仓皇败北。

在革命的中心势必要作向北转移的情况下，中华全国总工会在汉口设立办事处，直接指挥湖北、江西、安徽、四川、湖南、河南等省工人运动，并为中华全国总工会从广州迁到武汉作准备。办事处主任为李立三，秘书长为刘少奇。10 月，北伐军胜利占领武昌不久，刘少奇先期到达革命旗帜高扬的武汉。

为适应革命形势的迅猛发展，刘少奇一到武汉，便在这里立即领导筹办了工人运动讲习所，亲自讲授《工会组织法》、《工会经济问题》等课程。中共的许多重要领导人，董必武、恽代英、陈潭秋、李立三、林育南等都在该所担任教职。开办一个月之后，工人运动讲习所便向湖北全省各基层工会输送了 200 多名工运干部。还为了开好湖北省总工会第一次代表大会，刘少奇总结实践经验，在 1926 年隆冬的日子里，不辞辛苦，在他的住处汉口友益街尚德里 4 号，接连几个白天和晚上，加紧编写出了《工会代表会》、《工会基本组织》和《工会经济问题》三本理论专著。它们及时而科学地解决了北伐军攻克武汉、南昌等地后，以武汉为中心的全国工人运动高涨形势下的新课题。

单以两湖和江西来看：1926 年 8 月间北伐军占领湖南全境后，湖南省总工会于 9 月宣告成立，到 11 月底，湖南工会会员由 2 万增至 14 万，工会组织由 12 个县发展到 48 个县。至 12 月底，湖南各地工会和产业工会发展到 52 个，会员达 32 万多。湖北省总工会是在北伐军攻克武昌那天成立的。武汉工会组织的发展情况更加迅猛。在北伐军光复武汉前，湖北全省只有 13 个工会，约 5 万会员，到 12 月底工会便发展到 300 多个，会员达 30 万。江西工人运动的发展虽比不上两湖，但也很快。1926 年 11 月，江西省总工会筹备处在南昌成立，随之在南昌成立了 70 多个行业工会，发展了 4 万多会员。到 12 月下旬正式建立江西省总工会时，全省已有 20 多个县、市总工会或筹备处，工会会员发展 10 万左右。时间如此之短，发展如此之快，这种情况在中国工人运动史上是空前的。正因为这样，难免产生许多新的问题，出现组织涣散及基层组织不健全、不严密，严重影响战斗力的情况。工会混进一些坏人、流氓、工贼等，操纵和把持工会的权力，甚至组织假工会，进行或明或暗的破坏。由于不少工会干部缺乏理论知识和斗争经验，在工人运动中搞自发的严重"左"倾行动，影响工人运动的健康发展。在工会组织的经费管理上发生贪污浪费而影响工会组织的威信等。工人运动发展的这种客观进程，迫切要求要有正确的理论指导，以加强工会组织的自身建设，提高工会战斗力；整顿组织，纯洁队伍；克服"左"的倾向，端正行动方向；完善工会经济管理制度，树立工会组织的威信等。

刘少奇的三篇著作，正是在这些问题上集中作出指导的。它们在我国工会建设史上，第一次这样完整、明确地阐述了当时工会的性质、任务和组织原则，以及组织形式、经费管理等一系列问题，是我国工人运动史册上的一个重要里程碑，是中国共产党的整个工人运动理论的重要组成部分。

进入1927年，武汉呈现一片除旧布新的气象，触及一切恶势力，新旧之间的复杂斗争更加深刻和白热化。英帝国主义者在武汉制造了"一·三"惨案。刘少奇便又参与领导了这时武汉工人收回汉口英租界的斗争。

英帝国主义曾经把直系军阀吴佩孚作为自己的工具。在北伐军围攻、占领汉阳和汉口时，他们不仅发炮轰击北伐军为敌助战，并以军舰护送企图登上汉阳江岸的北洋军。他们还向武昌守敌运送武器。露骨地表现了他们对中国革命的仇视。1927年元旦，武汉人民既庆祝元旦佳节，又庆祝北伐胜利和国民党中央党部、国民政府迁到武汉，还庆祝国民党湖北省第四次代表大会及湖北省总工会第一次代表大会的开幕，武汉充满喜庆气氛。1月3日，中央军事政治学校宣传队在汉口江汉关码头前面、靠近英租界的广场上举行演讲，英水兵竟出来干涉。人民群众认为中国人在自己的领土上演讲，外国人无权干涉，因此群起理论，众情忿激，人们越聚越多，这时英租界当局竟调动大批水兵上岸弹压、驱赶。英水兵蜂拥冲入人群，野蛮施暴，刺死中国海员和码头工人数人，刺伤其他听讲群众数百人之多，制造了1927年新年的第一件惨案，汉口的"一·三"惨案。国人大为震惊。

武汉人民群众更一时大愤，聚集江汉关前，强烈抗议英军的血腥暴行。刘少奇闻变，亲临现场，实地了解情况。第二天，在刘少奇的主持下，湖北省总工会第一次代表大会发出《为反对英水兵惨杀同胞通电》，提出收回英租界、将凶手立即

移送我国国民政府惩办等六项强硬要求。

　　同日，刘少奇代表湖北省总工会，参加了包括湖北省总工会、湖北省农民协会、湖北省学生联合会等 200 多个团体、500 多名代表的武汉各界的紧急联席会议。联席会议根据省总工会第一次代表大会的通电内容。也提出了大致相同的八项要求，并限英政府在 72 小时内要给予八项要求以圆满答复，否则武汉人民将自动封锁英租界、实行对英总罢工。紧急会议要求武汉国民政府，立即收回英租界、收回海关、取消英轮在中国内河的航行权、撤销英人在华的领事裁判权。紧急会议决定组织武汉市民对英委员会，推定省总工会、省农民协会、省学生联合会、省工商学联合会等十五个团体的代表为委员，由他们将大会所提的各项要求直接向政府提出。于是，武汉国民政府挟武汉人民的广大民意，向英驻汉领事馆提出严重交涉。

　　联席会议一结束，省总工会即派出数百工人纠察队前往江汉关。刘少奇也不顾一天的疲劳和自己的安危，继往江汉关斗争一线，鼓励工人群众对英租界当局的斗争。1 月 5 日，刘少奇冒雨出席了在汉口济生之马路召开的，数十万人追悼"一·三死难同胞暨反英示威"大会。大会向全国发出通电，并正式通过联席会议所提出的八项要求。大会一结束，以码头工人和车夫工人为主体的武汉人民的游行队伍，如决堤大潮，汹涌冲入租界。租界里的沙包、电网及各种军事设施全被一股儿摧毁，迫使英水兵退回军舰，一举收回被英帝国主义霸占多年的英租界。刘少奇即组织工人纠察队一起进入租界，执行巡逻，维持秩序。当日，武汉国民政府成立汉口英租界临时管理委员会，接收租界内一切治安、行政。

　　武汉人民的坚决斗争，终于迫使英国政府于 2 月 19 日与武汉国民政府签订协定，正式交回汉口租界。在武汉人民收回英租界的影响下，九江工人和各界革命群众也挫败了英帝国主

45

义的挑衅，英勇地收回了九江英租界，并由武汉国民政府派员接收。

中国革命的发展，特别是工农革命势力的发展，不仅引起各帝国主义的不安，也引起了隐藏在革命队伍中的资产阶级右派的恐慌，蒋介石的反革命叛变活动日益加紧。他首先在江西悄悄地干下反革命罪恶。3月的一个晴天霹雳，江西赣州市总工会委员长陈赞贤，被驻扎在赣州的国民革命军暂编第一师国民党党代表倪弼秘密杀害。

陈赞贤原是广东南雄总工会委员长，他是在1926年7月间，国民革命军出师北伐时，向中华全国总工会和刘少奇请命，被派往江西赣州的。刘少奇听到陈赞贤被杀害的消息，无比震惊、愤慨。已于1927年2月中旬迁到武汉的中华全国总工会当即发出了"反对赣州驻军枪杀工人领袖"的通电。武汉举行了追悼陈赞贤烈士的40万人大会。刘少奇沉痛撰文《论陈赞贤同志在赣被害事》，登载在3月17日《汉口民国日报》上，矛头直指蒋介石，说：在北伐军蒋总司令坐镇的江西，竟有国民革命军军官枪杀工会委员长之事，"值得国民政府及全国革命民众的严重注意"。文章严正要求："蒋总司令如果没有改变他此前拥护民众利益的主张，断不能纵容一班反动派如此凶横残杀工人领袖，应该采取断然的手段，枪毙凶手，肃清一切反动派，保护真正工人的工会，并从优抚恤死者。如其不然，那我们不能不怀疑现在总司令所坐镇的江西了。"一叶落而知秋，刘少奇锐眼透骨，对蒋介石的反革命面目，看得很真切。他在文章的结尾说："全国革命团体及革命民众应该认为江西这事件的发生，是摧残革命，是革命战线内反革命的开始，大家应一致起来奋斗，督促政府及党部肃清一切反动派，并竭力援助江西的革命民众，务必达到国民革命之完全成功。"

仅仅一个月多一点的时间，急不可耐的蒋介石再一次用他自己的行动撕下他革命的假面，应验了刘少奇关于赣州"三·六"惨案只不过"是革命战线内反革命的开始"的清醒观测，发动了"四·一二"反革命政变，血洗上海，把众多的工人和共产党员推入血海。接着，江苏、浙江、安徽、福建、广东、广西等省也相继落入蒋介石反动集团手中，如法炮制骇极人寰的反革命大屠杀。

蒋介石在帝国主义和江浙财阀的支持下，建立了大资产阶级大地主联合专政的反革命政权南京"国民政府"，同武汉国民政府公然分庭抗礼。这时候连国民党中的左派也都已把蒋介石的本质看清，称他是孙中山的叛徒，国民党的败类，人民大众的蟊贼。"四·一二"标志着革命统一战线已经发生大变化，表明民族资产阶级的右翼公开被收买、投入帝国主义、封建军阀和地主买办阶级的反革命阵营，中国革命又一次处在了紧急关头。

对此，刘少奇还曾在事变前的十多天，对国内外敌人可能相互勾结的情况作过中肯分析，他在武汉印务工会的一次招待会上就指出，帝国主义者看到单纯用暴力手段不能征服中国共产党人和中国人民，于是又加紧在革命阵营内扶植代理人的阴谋活动。"帝国主义侵略和压迫中国的方法，分硬软两种，硬即炮舰政策；软即办教堂、学校、报纸宣传等等，来麻醉离间中国人。"最近他们"极力奖励赣州、九江发生的反动行为，挑拨革命战线之分歧，实较炮舰政策为尤凶"。事态的发展证明刘少奇的这些分析完全正确。

毛泽东、刘少奇等共产党人奋起挽救革命危急，联合国民党左派，发动了声势浩大的群众性讨蒋运动。4 月 16 日，湖北省总工会在刘少奇（当时刘少奇是中华全国总工会的秘书长，并兼任湖北省总工会的秘书长）的领导下，发表讨蒋通电，宣布蒋介石六大反革命罪状。继又发表讨蒋宣言，号召

"全湖北工人阶级当尽其力量，与革命同志一致行动，向敌进攻，以求打倒蒋介石"。

为了总结教训，指出中国革命发展前途，确定紧急时期的方针和任务，中国共产党在 4 月 27 日至 5 月 9 日，于武汉召开第五次全国代表大会。刘少奇出席会议，被选为中共中央委员。大会批评了陈独秀忽略同资产阶级争夺革命领导权的右倾错误。刘少奇和毛泽东等一起，坚决批判了陈独秀的右倾机会主义路线。但是中共第五次代表大会仍然推选陈独秀为总书记，负责全党的领导工作，致使中梁徒具，情况未能有根本改变，大革命的失败成为不可避免。

在革命危急关头，刘少奇表现出一个共产党员敢于斗争、英勇顽强的革命精神。他主张坚决镇压反革命的政变，组织工人举行集会、游行、示威、抗议，保护工人武装，以反抗敌人的屠杀。同时，他还撰写文章，发表演说，无情地揭露敌人，唤起群众起来斗争。在刘少奇的领导下，5 月 12 日湖北省总工会发出《省总工会保护工人武装》的通知；5 月 15 日又发表《巩固北伐武装工友宣传大纲》。宣传大纲鲜明指出，国内的大小军阀们，正在以帝国主义为他们的后台老板，大肆破坏革命，屠杀工人农民和革命党人，因此全体革命工友要一致武装起来。宣传大纲运用血的事实提出警告，要求接受教训。广东的工农为什么容易被军阀摧残，是因为从前的广东工农群众只有工会和农会的组织，而没有作武装的准备，所以一旦有事，就横遭杀戮。上海的工人为什么能被蒋介石压迫，也是因为武装准备太迟、太少的缘故。这样看起来，我们为什么还不起来要求武装呢？况且在敌人快到来打我们的时候。

"一日纵敌，数世之患"。局势在复杂的环境中瞬息万变，继续恶化，武汉逐渐不稳。5 月 17 日，武汉国民革命独立 14 师师长夏斗寅在宜昌谋划拥蒋，率部叛变，进攻武汉，直抵纸

坊。在武汉卫戍司令叶挺带领部队奋勇击退叛军的次日，5月21日，国民革命军第35军第33团团长许克祥在长沙接着举起叛旗，捣毁湖南省总工会、省农协、省农讲所、特别法庭等革命组织和机关，抢夺工人纠察队、农民自卫军的枪支，释放全部被关押的土豪劣绅，到处捕杀共产党员和工农群众领袖，一夜之间杀害共产党人和革命工农一百多人，逮捕四十多人，是为"马日事变"。这一事变，打响了以汪精卫为首的武汉国民党右派和以蒋介石为首的南京国民党右派公开合流的信号。6月10日，武汉国民政府汪精卫、唐生智等人赴郑州，与冯玉祥举行会议，酝酿反共。会后，唐生智回师武汉，镇压工农运动。

在夏斗寅叛变后，武汉国民政府曾答应从汉阳兵工厂中提取两千支枪来发给武汉工人纠察队。而陈独秀为了表示自己没有什么"阴谋"和对武汉国民政府的一片真诚，不同意工人纠察队接受这批枪。陈独秀对阶级敌人仍抱着幻想，不敢也不愿进行反击，一味退让。而刘少奇却不顾陈独秀的反对，他不遗余力，利用一切机会在工人群众中进行反蒋动员。

5月19日，刘少奇出席并主持在汉口召开的"讨夏斗寅大会"，与苏兆征、向忠发同为会议主席。大会后，湖北省总工会发出第198号通告，其中说："各级工会和工人纠察队要立即担负起武汉三镇的城防守卫任务，镇压反革命的破坏活动。"6月14日，他在湖北省总工会代表大会上作政治报告，尖锐抨击国民党反动派，号召工人群众起来反对蒋介石的反革命政变及摧残工农和工农运动。大声疾呼，对于蒋介石、夏斗寅、许克祥等人的叛变行为，要一致反对，应"立即削平湖南叛乱"。在刘少奇的促进下，会议作出《武汉工人目前政治主张》和决议案，提出了要求武汉国民政府明令拿办许克祥并解散一切反革命机关；明令保障工农组织的绝对自由；严惩一切

摧残工农运动的反革命分子；实行讨伐蒋介石等八项主张。6月15日，领导工农群众举行了大罢工和示威游行，武汉的大街小巷，到处都张贴了"打倒蒋介石"，"打倒许克祥"的标语。

在接二连三的事变面前显得惊慌失措、越走越远的陈独秀，生怕工农运动"惹事"，生怕国民党右派因此借口造谣、制造事端，便在6月28日主持召开了紧急的中央常务会议，决定解散刘少奇和李立三等艰苦组织起来的湖北省总工会所属的五千多人的工人纠察队，枪支全部交出，甚至连童子军的棍棒、梭镖也命令交出。这是中央的决定，向忠发（当时是湖北省总工会的委员长）、刘少奇等无可奈何，只好贯彻，湖北省总工会宣布自动解除工人纠察的武装。为了应付这种变化着的情况，应付汪精卫集团日趋明显的反动，避免不必要的损失，刘少奇等领导湖北省总工会继续坚持深入的工作，同帝国主义和国民党反动派进行斗争，巩固各级工会组织，发动群众有计划地将当时政治面貌已经暴露的党员干部和工人领袖实行隐蔽、转移，把有些干部派到叶挺、贺龙的部队和中央军校，又调一些政治面貌没有暴露的干部来坚持工作，周密安排湖北省总工会的秘密办公地点，使省总工会机关及时地又不受损失地转入地下活动。刘少奇这时已患重病，也被安排转移，在7月里乘坐贺龙的差船到庐山养病。

反"左"倾不屈不挠
遭挫折意志弥坚

　　刘少奇从来敢于面对实际,毕生注重两条战线的斗争,他明白,革命者总要受两方面的锻炼,伟大的人物也因此终于脱颖而出。

　　"七一五"以后,中共临时中央政治局常务委员会决定召开中央紧急会议,以纠正错误,确定新方针。于是在汉口举行了有名的"八七"会议。陈独秀右倾机会主义在中共中央的统治被结束,新的党中央领导机构成立。会议确定土地革命和武装反抗国民党反动派的总方针。从此中国革命进入以土地革命为中心内容的工农武装革命的新阶段。面对大革命的惨重失败,中国共产党人重整队伍,拿起枪杆子。但是,就在这开始以革命的武装反对武装的反革命的同时,也产生了急躁的"左"倾盲动情绪。这种新的危险倾向,"八七"会议时已经冒头,在 1927 年 11 月召开的中共中央临时政治局扩大会议上取得支配地位。错误认为革命潮流始终是高涨的,因此反对退却,硬是要求一些共产党员和革命群众,在革命低潮中去执行毫无胜利希望的城市武装暴动的总策略。这使党在实际工作中遭受更大损失。中国共产党必须重新检讨自己前进的策略。

　　1928 年 2 月,中共中央为准备召开六大,召集一些人座谈,征求对形势的看法和党的策略大计。刘少奇已转移到上海治病,参加了座谈。他不同意那种仍然一味认为革命形势是高涨的看法。他建议到农村去搞暴动,并指出必须做艰苦的争取

农民群众的思想准备工作，努力使农民的暴动成为有意识的，而不是自发的。刘少奇的无比智慧给那黑沉沉的旧中国指出了继续前进的方向。

革命的形势发生了转折，革命的方式自然也应相应转变。根据党的安排，在 1927 年的洗礼中益加坚强成熟的刘少奇，更艰辛地领导了白区党的工作和职工运动。他从实际情况出发，坚持马克思主义理论和中国革命具体实践相结合的原则，同"左"倾错误进行了不懈的斗争，使党在白区的工作路线彻底摆脱"左"倾影响，很好地配合了党在乡村中的斗争，推进革命形势不断发展。他先后在河北、上海、东北等地进行党的地下工作。1928 年 10 月，刘少奇在河北顺直省委致力于北方党组织的恢复和整顿工作，领导职工运动的发展中，尽管困难重重，烦恼不少，还是以他坚韧的意志极力排遣，写出了一篇充满生气的马克思主义的革命策略的文章《论口号的转变》。

他指出，在群众的一切斗争中，口号的作用极大。他大力主张，号召群众的口号必须符合实际，一定要依斗争实际形势的转变来谨慎决定。他认为，"绝不可单凭我们脑子里的想像"来提出口号。正确的策略和口号首先来源于对阶级斗争形势的正确分析和估量。党的领导必须根据形势的发展，根据"革命与反革命实际力量的对比来决定斗争的策略"。如果斗争的形势已经改变，口号不及时地随之而改变，群众即没有一致的目标，将使斗争不能继续前进，无力而至于溃散。不仅全国革命斗争的口号是如此，即在一个工厂或乡村中的小斗争的口号也是如此。我们每每因不能明确观察当时斗争的形势转变并据以转变我们的口号，所以发生了许多错误。大之如资产阶级叛变后代表我们许多错误政策的口号，小之如工厂及农村中许多或左或右的错误口号，都是因为我们没有依斗争的形势来恰如其时地转变口号，发动斗争，以致脱离群众或使斗争紊乱、无力

而溃散。

　　刘少奇强调，我们对于实际情形的观察，应该采取许多真实的材料，切实到群众中去了解各部分群众的生活与情绪。绝不可单凭某一部分群众一时特殊的表示及几个领袖一时激愤或悲观的报告，就认定全部群众的要求和情绪是如此，而规定或转变我们的口号。过去我们的许多错误，大半是因为对于实际情形的观察和估量不能深切和正确的缘故。刘少奇还说，在群众退却的行动中，及时地转变我们的口号尤其必要，尤需特别慎重规定。它的目的是使群众不致气馁，不致溃散，保存群众的组织，指示群众的出路，激发下一次继续斗争的情绪和决心。

　　刘少奇的这些重要策略思想，完全是针对着当时党内"左"倾错误开始出现而说的。他实际主张在1927年的大革命失败后，当阶级敌人疯狂地向革命袭来的时候，在阶级力量的对比很不利的形势下，党不应当继续采取进攻的策略，而应该隐蔽起来，争取群众，争取工人阶级的大多数，积蓄工人阶级的雄厚力量，以准备将来决定胜负的斗争。刘少奇的这些主张，自然为当时中央的"左"倾政策的领导者所不高兴。

　　1929年刘少奇在东北工作时（时任中共满洲省委书记），爆发了中东路事件。执行亲帝反帝政策的国民党政府，以苏方宣传"赤化"和垄断路权为由，单方面撕毁1924年关于中苏共管中东路的协定，指使东北地方当局以武力进占中东铁路，驱逐苏方人员，挑起中苏严重争端。中共中央因此发出《关于中东路事件给满洲省委的指示信》，要求满洲省委必须集中注意力对付这事件，阻止国民党军阀妄图使群众走上反苏道路的阴谋，并要刘少奇亲自去哈尔滨布置和指导中东路事件的群众性反抗示威。还要求在政治上作加紧拥护社会主义苏联的宣传。

刘少奇到哈尔滨后，经过一段深入调查，了解广大工人群众的情绪，即向中央建议，应该首先扩大正在进行的以三十六棚（中东路哈尔滨总工厂的代称）为中心的工人怠工斗争，来与还处于低潮的中东路工人的斗争相呼应，作为发动基础。他指出，在这个斗争中，不只限于在政治上加紧拥护社会主义苏联的宣传；还要在组织上加紧反对被反动派收买的工业维持会的斗争，积极帮助广大工人组织赤色工会，建立群众的组织；在工作方法上要注意公开工作和秘密工作的结合，根据斗争情况及时转变群众的斗争方式和我们的工作方法，避免遭受白色恐怖的摧残；还应把工人反对待遇恶化的经济斗争，和拥护社会主义苏联、反对军阀进占中东路的政治斗争逐步结合起来。刘少奇的建议实际认为，脱离广大工人群众的觉悟基础，一上来就单纯在政治上搞拥护社会主义苏联，肯定不会成功。只有通过各种迂回的斗争，逐步提高群众的觉悟，首先打破国民党军阀所谓爱国主义的欺骗宣传，才能达到目的。

由于刘少奇的这些正确指导，中东路工人斗争获得健康发展，一步步上升为较为自觉的政治斗争。但是刘少奇的这种变通做法，能否为中央的"左"倾政策的领导者所理解，这恐怕还是一个问题。刘少奇的工作被不断地调动。

1930 年夏，刘少奇率领中国工会代表团赴莫斯科，出席赤色职工国际第五次代表大会。大会选举产生了第五届赤色职工国际执行局委员会，刘少奇当选委员。之后，即留在赤色职工国际工作。这使他对各国的职工运动情况也有了了解，并认识到国际对中国职工运动的指导，就存在着"左"的问题。

这期间，在讨论关于中国职工运动问题上，赤色职工中国领导人根据德国职工运动的一国经验，主张中国赤色工会应派遣力量，在黄色工会里面去建立公开的赤色反对派，打出赤色旗帜与黄色工会相对抗，并把这一主张形成赤色职工国际的决

议。刘少奇以他多年深切的工运实践经验，对这种不顾各国国情，不作具体分析的"一刀切"的"左"的倾向，深不以为然，明确表示不同意见，认为中国与德国情况不一样。中国的黄色工会力量强大且又是合法的，而赤色工会力量弱小却又是不合法的，弱的要在强的里边，不合法的要在合法的中间，建立公开的赤色反对派，是不现实也是不可能的。赤色工会的会员和积极分子，应该参加到黄色工会里边去，这是为了利用其合法存在来进行我们的基础工作，以广交朋友，争取黄色工会里边的下层群众。等到条件成熟，才可以做使黄色工会转变为赤色工会的工作，如果不分步骤，不顾条件，一上来就一律地公开搞赤色反对派，只能过早地暴露自己的力量，使自己孤立起来。

这些意见是很中肯和实在的，何况是中国同志的意见，中国人在对自己的国内问题发表意见，本应该很好听取。然而，国际共产主义运动中，长期存在的一个严重问题是家长制作风，别人都须当小媳妇，只准随声附和，唯命是从，容不得不同意见。刘少奇的异议被视为大逆不道，被指责为"反决议"和"右倾机会主义"。

刘少奇没有被吓倒，他是不随便发表意见和不轻易放弃意见的人。当时说不得，事后有机会还要申述。1931年回国前，他向赤色职工国际写了一个洋洋万言的报告，不仅是没有承认半点错误，而且通过详述最近中国职工运动的情况和自己的看法后，也对国内"左"倾路线者在对待国民党工厂法、工会法和黄色工会问题上所存在的"左"倾错误作出了批评。

刘少奇从实际出发，认为应该不放弃一切机会利用旧的形式为革命服务，不仅黄色工会，就是同乡会、互助会、劝戒烟会等许多旧的组织形式都可利用。那种主张排斥一切旧形式的做法，刘少奇认为这是只注意事物的表面与形式，而不注意事

55

物活泼的内容的形式主义倾向。对于国民党的工会法和工厂法，刘少奇认为也要做具体分析，不能完全作为旧的反动的东西绝对地加以反对。对于这些问题，刘少奇后来在1936年4月所写的一份《关于白区职工运动的提纲》中又专门作过论述。他指出，国民党政府的工厂法、工会法用了一切的条文来反对工人阶级与束缚工人群众的斗争。但是，这些法律主要的还是国民党用以欺骗工人阶级的，因此它就不得不规定一些对于改善工人阶级现状有利的条文，如在某种条件下允许工人组织工会与罢工，规定了比以前较少的十小时工作时间，星期日、纪念日休息，对于工人疾病年老死亡的抚恤救济等。我们可以而且完全应该来利用它，利用这些改善工人阶级现状有利的条文来组织工人群众的斗争，要求实现这些条文上所规定的利益，并就此揭破国民党的欺骗，这样才有益于我们开展工人运动的工作。所以，对于国民党政府的工厂法、工会法就没有必要采取绝对反对的态度，要有区别的对待。对其有利于改善工人阶级现状的条文，就要求马上实现；对它的压迫、束缚工人阶级的条文，那就反对。这才是我们对于国民党工厂法、工会法所应该采取的态度。

刘少奇的这些意见完全是正确的，充满着马克思主义辩证法的照理应该得到重视，但在当时几乎成了奢望。1931年秋，尽管在这年年初六届四中全会上已补选为中央政治局候补委员的刘少奇，实际上已成为待罪之身，由莫斯科回到上海，勉强地担任了中共中央职工部部长和中华全国总工会组织部长的职务。

10月，刘少奇仍然基于认为白区城市职工运动处于低潮时期，应该采取防御的战略方针的根本看法，和在总体上应该是防御的，但在某一时期、某一局部问题上不排除组织工人向资本家和国民党作反攻和进攻的具体观点，写出《关于工运的

意见》，提交上月刚组成的中共临时中央。他以设问来要求释疑的方式，实际上提出了当时工人斗争形势是“防御的反攻的和进攻的”这一认识，认为应以这一个认识来确定职工运动策略，确定用什么口号与要求去组织工人斗争。这下又不好了。这与“左”倾路线者一向认为大革命失败后城市职工运动仍然处于高潮时期，党应当采取完全是进攻的路线的观点是不相同的。尽管刘少奇在表明自己的意见时很用了一番心思，所用的语言仍然还是比较委婉。但是临时中央的“左”倾路线者王明及其追随者看出了刘少奇的意见同他们所持的观点之间的严重差别，几次派人找刘少奇谈话，对他回国后包括在会议上所发表的许多意见，作出总批评。结论是，刘少奇站在工会系统上，有右倾机会主义的倾向。与他在赤色职工国际被戴的帽子完全一样。批评者还在党的会议上代表中央宣布了对刘少奇的这个批评。

刘少奇不服，但“恐言语的传达或有出入”，便又写一封信给临时中央，申诉他回来后所提出的许多工作上的政治上的意见，都是完全站在积极参加党的工作的观点提出来的。至于这些意见是否被认为正确和是否被采纳，那就在于组织了，是组织的事。刘少奇的意思认为，在党内总不能连意见都不能说的。但是就是这样，在“左”倾路线者占统治地位的情况下，党内的生活很不正常。

刘少奇的处境很不好。但他心胸坦然，毫不气馁消极，坚持按照自己观点积极从事职工运动，并不断撰写指导职工运动的文章，也不断地在一些问题上向中央作积极建议。

据1931年春从莫斯科回到上海任中华全国总工会宣传部长的杨尚昆回忆：“那时，上海工人运动的形势非常恶劣。国民党反动派的疯狂镇压，‘左’倾机会主义路线的错误影响，加上一些人的分裂活动，使上海的工会组织遭到惨重的破坏。

就连工作基础好的法租界电车公司、英租界的彩印工会、内外棉'十三厂'、海员总工会等有名的工会组织也都垮掉了,'全总'剩下一个空荡荡的机关。而对这种形势,我们想方设法把那些被破坏了的工会组织恢复起来。就在这个时候,少奇同志回到了上海。"刘少奇正是在这种极其复杂而又艰难的环境中进行工作的。他正确地估计敌我力量极为悬殊的情况,明确提出白区工作的指导方针,应以防御为主,尽量利用合法的机会开展活动,以便在群众工作的基础上,使党的组织长期隐蔽,积蓄力量,以待时机。他既反对取消主义在困难面前投降,又坚决抵制"左"倾盲动主义的种种错误。这是他几年来从事白区工人运动中所一贯坚持的做法。为实现这个方针,刘少奇就是主张公开工作和秘密工作既要严格分开,又要巧妙地联系起来。他就是反对那种鄙弃一切合法手段,把公开工作和秘密工作混淆起来的做法,因为这样做只会导致两项工作都遭破坏。刘少奇不支持王明关于要在黄色工会里公开组织赤色反对派的号召,他对杨尚昆说,这是自己把"红帽子"戴上孤立自己的愚蠢做法。当时从赤色职工国际传来德国人写的《罢工如作战》的小册子,介绍德、法等国公开建立"赤色反对派"的经验,刘少奇坚持他在赤色职工国际工作时的看法,反对在中国机械地照搬欧洲工会的经验,使这本书没有印发。

刘少奇主张一定要把经济斗争与政治斗争很好联系起来,积极领导工人群众争取切身利益的日常斗争,以争取群众,积聚力量。他反对不顾群众经济利益去进行空洞的政治宣传,盲目地要求"斗争! 斗争!"1932年"一·二八"事件后,日寇占领上海闸北,使居住在这一地区的十三个日资纺织厂的成千上万工人无家可归。工人们大批涌入英租界,举行反日罢工,成为急需接济的"难民"。我们的同志组织了"上海民众反日救国会",上街募捐,买米做稀粥,救济这些阶级兄弟,团结

了工人群众，扩大了革命影响。著名爱国领袖宋庆龄，为声援工人群众的反日罢工，给"上海民众反日救国会"送来两千块银元。这事竟在临时中央内部引起争执，持"左"倾观点的同志不同意接受这笔捐款。刘少奇坚决顶住了这种错误意见。后来国民党同日本帝国主义妥协，上海停战，形势发生变化，几万罢工工人要不要复工？在党内又争论起来，有人认为复工就是"投降"。刘少奇明确支持复工的主张，指出这是关系到几万职工生活的大问题，不能犹豫不决，他果断支持中华全国总工会作出复工决定，得到广大职工热烈拥护。

1932年"一·二八"事变期间，刘少奇主持了沪西大罢工。他坚持实行他对白区斗争策略的主张，很有勇气地纠正了"左"倾路线执行者原先实行的那一套，只号召工人武装起来与军警冲突，热衷搞飞行集会、示威游行，置罢工工人最基本的生活问题于不顾的"左"的脱离群众的做法，首先着手解决近二十万工人及其几万家属的吃住问题，努力争取社会同情，运用合法手段广泛开展支援罢工的募捐运动，发动群众包围上海市社会局和地方维持会，逼迫这些部门救济粮食和款项，从而解决了罢工工人的后顾之忧，改变了冷冷清清的罢工局面，轰轰烈烈地闹起来，沉重地打击了日本资本家，有力地支援了驻守上海的十九路军的英勇抗战，并加强了党与工人群众的联系。但是临时中央不能容忍刘少奇对于他们在白区斗争中的策略的改变，指责他在米袋子里兜圈子，放弃了武装工人的任务，是搞工团主义、经济主义和取消罢工的右倾机会主义，终于排斥了他对沪西大罢工的领导。

在这种动辄得咎的情况下，从1931年11月到1932年3月间，刘少奇还是先后写了《建立辅助组织问题》、《加紧领导工人的自发斗争》、《在目前反帝运动中赤色工会应努力的工作》、《罢工策略》、《批评"退出黄色工会"的策略》、《在黄色

工会里面建立什么?》、《某某兵工厂罢工斗争的经过和教训》、《1931 年职工运动的总结》等文章,可贵地显示了他在理论上的坚定性和革命策略上的灵活性。

刘少奇的表现,在临时中央的一些人的眼里看来,实在太顽强而又顽固。1932 年 3 月中旬,临时中央举行会议,指责刘少奇对形势估计不足,有合法倾向,向黄色工会投降,充满工团主义等。并对他进行前挂后连,认为是犯了"一贯的机会主义路线"的错误。转达共产国际意见,说刘少奇"不能担任领导工作"。会议决定:撤销刘少奇中央职工部部长职务,保留中央政治局候补委员资格。刘少奇被迫检查。不久即到上海市工联会任党团书记,勉为其难地坚持工作。刘少奇被撤职后,"左"倾路线的推行者还在党的刊物上对刘少奇进行了接二连三的公开的和半公开的批判。这年的 4 月 3 日,康生以谢康的笔名,撰写《机会主义职工运动总结》一文,发表在 4 月15 日中共中央的机关刊物《红旗周报》第三十六期上,公开攻击刘少奇起草的《1931 年职工运动的总结》是一个机会主义路线的总结,说他的思想理论观点与共产国际、赤色职工国际、中共临时中央的路线绝对相反,是阻止职工运动彻底转变,造成目前工会工作严重现象的根源。这位善于投机的、在"文化大革命"中扮演了莫测高深的"理论权威"人物,原来很早就曾对刘少奇进行过谣琢和中伤,是历来以极"左"面目作损害同志而图自己发达的人。耐人寻味的是,刘少奇的这些反对"左"倾冒险主义的正确策略思想,在"文化大革命"中竟又被作为"左"倾冒险主义来批判。在"文化大革命"中刘少奇被剥夺了为自己辩护的一切权利,但这场公案远在 1937年已经分清是非,1945 年时得到完全定评。1945 年党的《关于若干历史问题的决议》高度赞扬了刘少奇在工人运动和白区工作中所坚持的正确路线,是这方面的"代表"和"模范"。

这是王明和康生不曾想到和不愿想到的事。康生在"文化大革命"中的身手，也不过是再来一次表演而已，因此表演毕竟是表演，戏完了，真相也就露了。

苏区里翻滚红浪
长征中挥写史诗

　　毛泽东和刘少奇，两人什么时候相识？在 1920 年刘少奇留苏前，刘少奇见到过毛泽东没有，没有这方面的材料。1922年刘少奇留苏回来，历史才有真正记载，两人见到了，刘少奇到安源领导路矿工人进行大罢工，是毛泽东安排的。作为中共湖南区委的书记和中国劳动组合书记部湖南分部的负责人，毛泽东是刘少奇最早的领导。在领导安源工运期间，刘少奇同一起在安源战斗的何宝珍结了婚。刘少奇开始认识何宝珍则是在长沙青水塘毛泽东的家里。何宝珍因在湖南衡阳省立第三女子师范学校组织学生运动被恶势力迫害而出逃，为党所安排，以亲友名义投住在毛泽东处。刘少奇和何宝珍的婚姻，是深得杨开慧等一些大姐的赞成的。从这些情况看，刘少奇和毛泽东在这个时期，互相之间已有一定的了解。特别是安源这块地方，有毛泽东的心血，也有刘少奇留下的业绩；毛泽东开辟在前，刘少奇执行毛泽东的指示继续发展在后。

　　后来他们分开了，毛泽东不是刘少奇的直接领导了。但他们都是领导工农运动的第一线战斗者。在大革命失败前，他们在许多问题上有不约而同的观点。对中国民族革命中各阶级地位的分析，他们的观点吻合。他们都确信工人阶级在国民革命运动中的领导作用。他们都支持工农联盟的思想，认为中国的国民革命一定要有社会各阶级民众的一致参加，但中国工农阶级是主力军。他们对蒋介石的叛变革命都认识得最早，在挽救

革命危急的紧急关头，他们都坚决地参加了讨蒋运动。为了纠正党的错误，他们一起坚决地批判了陈独秀的右倾机会主义路线。大革命失败后，他们都以坚忍不拔的斗志开始新的战斗，毛泽东主要在农村发展武装力量、建立革命根据地和中央苏区，刘少奇主要在城市领导白区的工人运动，以有效地配合农村革命根据地的斗争。而且他们在大革命失败后都曾受到"左"倾路线的严重打击。所有这一些，随着他们的工作关系再一次聚集到一起的时候，都必然要促使他们紧紧地握起手来。他们再一次相会在中央苏区，并一同经历了长征的光辉历程。

刘少奇是1932年冬离开上海，到江西中央革命根据地工作的。1933年春，刘少奇担任了中华全国总工会苏区中央执行局委员长。该局是全总机关由上海迁瑞金同全总苏区执行局合并后改称，既领导苏区工运，也领导全国工运。这一年，蒋介石调集重兵，先后向中央苏区发动第四、第五次"围剿"。这期间，刘少奇在领导苏区职工运动方面，着重号召全体工人行动起来，加入红军，组建工人师，为保卫中央苏区、苏维埃政权而战。全力组织兵工厂、弹药厂进行各种武器和弹药的生产，组织工人依靠自力更生解决粮食、油盐、布匹、药材等物资和给养的困难，以粉碎敌人的军事"围剿"和经济封锁。主持筹建了中国农业、店员手艺、苦力运输、国家企业四个产业工会，努力使苏区工会成为"坚强的阶级工会"、"苏维埃政权的柱石"、"工人群众学习共产主义的学校"。

在中央苏区的党和工会中，当时也存在着忽视工人经济斗争，忽视工人在分田后经济上的要求，一方面不领导工人改善生活，一方面又认为工人落后于农民，有的地方甚至要工人在战争时期忍受资本家的任何压迫、不要反抗。由于敌人的经济封锁和资本家的消极怠工，成千上万的失业工人生活无着。而

63

我们的许多工会不仅不对这些情况引起足够重视，而且收了大量的社会保险金却不去做救济工人的事，给工会机关乱用。这就损害了广大工人群众起来参加革命的积极性，是当时"职工运动中危险的右的错误倾向"。与此同时，"在领导工人的经济斗争中，还存在着另一种极端危险的'左'的错误倾向"。这种倾向，表现在只看到行业的狭小的经济利益，妨碍苏区经济的发展和苏维埃政权的巩固。在许多城市的商店、作坊中提出了过高的经济要求，机械地执行只适用于大城市的劳动法；不问企业的工作状况，机械地实行八小时和青工六小时的工作制；不顾企业的经济能力，强迫介绍失业工人进去；在年关斗争中到处举行总同盟罢工。这使得许多企业不堪负担而迅速倒闭。

这些情况的发生，也同当时许多同志不认识苏区经济建设工作的重要性有关。他们认为"革命战争已经忙不了，哪还有闲工夫去做经济建设工作"。毛泽东为此曾指出，"现在我们的一切工作，都应当为着革命战争的胜利，首先是粉碎敌人第五次'围剿'的战争的彻底胜利；为着争取物质上的条件去保障红军的给养和供给；为着改善人民群众的生活，由此更加激发人民群众参加革命战争的积极性；为着在经济战线上把广大人民群众组织起来，并且教育他们，使战争得着新的群众力量；为着从经济建设去巩固工人和农民的联盟，去巩固工农民主专政，去加强无产阶级的领导。为着这一切，就需要进行经济方面的建设工作"。

毛泽东的正确思想代表了许多具有远见卓识的同志的共同见解。刘少奇也曾经这样指出，"目前，在苏维埃革命的国内战争环境中，工人阶级一切福利的基础，是革命战争的彻底胜利，是苏维埃政权的巩固扩大和在全中国取得胜利。'一切服从战争'，即是一切服从于工人阶级全体的长久的利益。这就

要求国有企业与合作社企业中的工人职员们，为着战争，为着苏维埃的胜利，为着工人阶级全体长久的利益，而自觉地努力地工作"。也就是从这个根本点出发，刘少奇对职工运动中存在的上述"左"右倾的错误做法，都进行了坚决的、积极的纠正。

　　他始终关心工人利益，提出维护工人日常经济利益是苏区工会最重要的工作之一。他指导各地工会制订劳动合同，要坚持纠正工人中某些过高的要求，狭隘的习惯和行会的偏见，同时反对牺牲工人阶级利益的右倾机会主义，最大限度地保护和增进工人群众的利益。他指出，我们的目的是要在改订合同的运动中，更广泛地发挥工人积极性，提高工人觉悟，来参加苏维埃国家和红军的建设，巩固与扩大苏维埃政权。他要求各级工会，认真领会苏区《劳动法》，注意建立劳动介绍所、社会保险局，救济失业工人。批评采用强迫雇主安排失业工人的办法，是挖肉补疮，迫使这些工厂和店铺只好关门。他还指出，在停止强迫介绍就业的办法之后，一方面应从资本家和地主手里筹集救济款，另一方面也可动员失业工人参加合作社、参加革命、参加工人师，为失业工人广找出路，从而正确处理了工人与雇主、工人阶级长远利益和目前利益的关系。他在阐明苏区国有企业、合作社企业的地位和作用时，号召这些企业中的工人、职员，要用国家主人的新的态度对待新的劳动，应在目前革命战争中广泛组织与开展革命竞赛，用最高的劳动热忱迎接苏维埃政府所给予的生产计划，为着提高生产效能而必须与旧习惯作斗争，并加强技术训练等。对国有企业的领导方法和管理方法，他首先提出厂长负责制，以"三人团"（厂长、党委书记、工会主任）和建立工厂委员会的体制实行管理，从而有效地促进了中央苏区的社会生产力的发展。

　　这时期，刘少奇发表的文章有：《与忽视工人日常经济利

益的倾向作斗争》、《用新的态度对待新的劳动》、《论国家工厂的管理》、《在粉碎敌人五次"围剿"决战中，边区的工会工作》、《每个工会会员加入赤少队去》等。

1934年1月，在瑞金召开中共六届五中全会。这次会议的召开，只不过是"左"倾冒险主义路线的进一步贯彻。自从1933年1月临时中央在白区无法立足，迁入中央革命根据地后，"左"倾冒险主义者不仅立刻把中央苏区的党、政、军权全部抓到手里，并又首先开展了所谓反对"对革命悲观失望"的"逃跑退却路线"的错误批判，使"左"倾冒险主义很快在全党贯彻。在共产国际派来军事顾问李德后，中共中央局（临时中央同苏区中央局合并后便称中共中央局）又把红军的指挥大权，交给了这位不谙军事、不明中国实际、作风独断专横、完全凭着地图瞎指挥的李德，致使红军的反"围剿"斗争一次又一次失利。正是为了进一步压制党内的正确意见，顽固地推行"左"倾冒险主义路线，才召开了六届五中全会。会议从"在中国存在着革命形势"这一结论出发，把低潮看作直接革命形势，强调右倾机会主义是"主要危险"、"反对对右倾机会主义的调和态度"，继续发展了宗派主义的过火斗争和打击政策。这就导致了中央革命根据地第五次反"围剿"的不可挽回的失败。刘少奇虽然在这次会议上仍然当选为中央政治局候补委员，但他显然没有能在会上发言的余地。

在党中央已秘密决定准备作战略转移的时刻，刘少奇于7月至9月间，出任福建省委书记。他从瑞金来到省委驻地长汀后，通过紧张的调查研究，及时召开省委会议，对各项工作作临战布置：精简省级机构，缩编工作人员充实到基础，组织军民抗击敌人，广泛动员群众坚持生产、支援前线、踊跃参军。到兆征县蹲点，和县、区委干部一起走家串户，了解情况，解决问题。根据军事上越来越紧迫的严重局势，主持召开省委、

省苏维埃政府和省军区的紧急会议，要求加强独立领导，划小行政区，实行干部地方化，充实地方武装，普遍成立独立团、独立营和游击队，建立秘密的党组织和工作网，将所有粮食转移后方，继续深入开展肃反等，以便在被敌人分割和占领时，能进行独立作战，广泛开展游击战争和转入地下斗争。一切部署停当后，刘少奇随即被召去瑞金。

1934年10月，国民党军进抵兴国、古龙冈、宁都、石城、长汀、会昌一线，根据地严重缩小，中央红军完全陷入被动，开始战略转移。在长征中，刘少奇先后任中国工农红军第八军团、第五军团党中央代表，第三军团政治部主任，筹粮委员会主任等职。参加了党的多次重要会议。他在这些会议的政治天平上加大了以毛泽东为代表的正确路线一方的分量，尽管当时难以充分估计这一重大变化将给中国带来什么样的前景，但后来历史证明，这一变化是决定中国命运的重大变化。

中央红军开始突围时，刘少奇在红八军团中任党中央代表。红八军团的军团长是周昆，政治委员是黄甦，参谋长是张云逸，政治部主任是罗荣桓。根据中央革命军事委员会的命令，刘少奇负责将红八兵团改编为一个师（第二十一师）的编制工作。

11月上旬，中央红军进入湖南，11月下旬，在通过敌人的三道严密封锁线后，中央红军在道县、江华间全部渡过沱水（潇水）。中共中央及红军总政治部便下达了"突破敌人之第四道封锁，并渡过湘江"的命令。12月上旬，中央红军全部越过西延山脉越城岭（老山界）。中旬，中央红军突破黔军防线，占领黎平、老锦屏地区。中共中央政治局在黎平召开会议，研究红军的战略方针问题。会议挫败李德折入黔东（蒋介石在这里布置了重兵）的错误主张，接受了毛泽东关于改变红军北出湘西的原定计划，向敌人兵力薄弱的黔北发展的主张。作出了

《关于在川黔边建立新根据地的决议》，指出"鉴于目前所形成之情况，政治局认为过去在湘西创立新的苏维埃根据地的决定，在目前已经是不可能，并且是不适宜的"，"新的根据地应该是川黔边地区，在最初应以遵义为中心之地区，在不利的条件下，应该转移至遵义西北地区"。这是红军战略转变的开始，一下子就把十几万敌军甩在湘西，争取了主动。会后，中央革命军事委员会决定紧缩机关，充实战斗部队，撤销由于在行军作战中伤亡减员很大、只剩一千多人的红八军团建制，人员编入红五军团。刘少奇任红五军团党中央代表。红五军团的军团长是董振堂，政治委员是李卓然，参谋长是刘伯承，政治部主任是曾日三。

1935年1月7日，中央红军先头部队占领遵义城。中共中央、中革军委随着进驻遵义。1月13日，周恩来电报通知红五军团政治委员李卓然和正在红五军团任党中央代表的政治局候补委员刘少奇，15日要在遵义召开政治局扩大会议，要求他们于14日赶到遵义城。遵义会议即于1935年1月15日至17日举行。会议主要审查黎平会议的决定，总结第五次反"围剿"和中央红军长征以来在军事指挥上的经验教训。参加会议的有政治局委员毛泽东、朱德、陈云、周恩来、张闻天（洛甫）、秦邦宪（博古），政治局候补委员王稼祥、邓发、刘少奇、何克全（凯丰），红军总部和各军团负责人刘伯承、李富春、林彪、聂荣臻、彭德怀、杨尚昆、李卓然，中共中央秘书长邓小平，共产国际驻中国军事顾问李德以及担任翻译工作的伍修权。会议鉴于黔北的实际情况，决定放弃在川黔边建立新苏区的计划，北渡长江，在四川西部建立根据地。

会议在批判了博古、李德的"左"倾军事路线的基础上，委托张闻天起草《中共中央关于反对敌人五次"围剿"的总结决议》，从正反两方面总结了红军反"围剿"作战的经验，肯

定了毛泽东等在领导红军长期作战中形成的基本作战原则。周恩来在发言中全力推举由毛泽东来领导红军的今后行动，得到与会者多数人的支持。会议增补毛泽东为政治局常委，取消博古、李德的最高军事指挥权。会后，常委进行分工，由张闻天代替博古负总责，由毛泽东、周恩来、王稼祥组成三人军事指挥小组，负责指挥红军的作战行动。这次会议确立了毛泽东在党中央和红军中的领导地位，在最危急的关头挽救了红军、挽救了党，是中国共产党历史上一个生死攸关的转折点。刘少奇在这最关键的时刻，完全支持了毛泽东的正确主张。回到部队立即传达遵义会议精神，并在 1935 年的 1 月到 6 月期间，还担任了红三军团的代政治部主任。红三军团的军团长是彭德怀，政治委员是杨尚昆，参谋长是邓萍。

　　1935 年 1 月 19 日，中共中央和中革军委离开遵义，中央红军分三路从遵义、桐梓、松坎地区向川南开进。2 月上旬，中共中央和中革军委决定暂缓停止执行北渡长江计划，改为"以川滇黔边境为发展地区，以战斗的胜利来开展局面，并争取由黔西向黔东的有利发展"。2 月下旬，中央红军占领桐梓后便发起了遵义战役，经五天苦战，共击溃和歼灭敌军王家烈、吴奇伟两个师又八个团，俘敌约 3000 人，取得长征以来最大的一次胜利。3 月上旬，针对蒋介石命令驻川、黔各军围歼中央红军于遵义、鸭溪之间地区的战略方针，中共中央发表《告全党同志书》，号召全党克服一切困难，在运动战中消灭敌人，彻底粉碎敌人的围攻，赤化全贵州。4 月下旬，红军四渡赤水摆脱追兵和调动敌人，乘云南境内敌人兵力空虚之机而进入云南，前锋直指云南省会昆明。国民党云南省副主席龙云急忙调集原在滇北等地的部队回援昆明，削弱了金沙江南岸的防御力量。中央红军主力又突然急转北向，于 5 月上旬全部渡过金沙江，进入川西地区。5 月中旬，中共中央政治局在会理附

近的铁厂举行扩大会议，决定在会理及其附近停留五天，争取在长期鏖战后作必要的休息与补充，"以便继续夺取西昌而北上"，实现在川西与红四方面军会合的目的。接着，中央红军为了执行在川西或川西北创建根据地的战略方针，撤会理之围，继续北进。5月下旬，红军主力沿大渡河直取泸定桥。中共中央在泸定城召开政治局会议，决定红军经雪山北进。6月中旬，中央红军先头部队在达维东南与红四方面军先头部队会师。中央红军全部到达懋功地区，红四方面军第三十军政委李先念在此迎接。25日，在两河口举行一、四方面军的会师大会。

6月上旬，刘少奇离开红三军团回到中央。6月26日，中共中央政治局在两河口举行会议，讨论一、四方面军会合后的战略方针问题。刘少奇在发言中支持北上战略方针，去岷山以北建立川陕甘革命根据地。28日，中共中央政治局作出《关于一、四方面军会合后战略方针的决定》，指出红军的战略方针是集中主力向北进攻，在运动中大量消灭敌人，首先取得甘肃南部，以创造川陕甘苏区。在战役上必须首先集中主力消灭与打击胡宗南军，夺取松潘以北地区，使主力能够胜利地向甘南前进。

7月下旬，中共中央到达毛儿盖。由于张国焘的拖延，红军丧失夺取松潘的有利时机而只好放弃原计划，改经草地北上。8月上旬，红军总部决定，将红军分成左右两军：在卓克基及其以南地区的第五、九、三十一、三十二、三十三军团为左路军；由红军总司令朱德、总政委张国焘率领经阿坝北进；在毛儿盖地区的第一、三、四、三十军团为右路军，由前敌总指挥徐向前、政治委员陈昌浩率领经班佑北上，党中央随右路军行动。为了筹集粮食准备过草地，中共中央决定成立筹粮委员会。刘少奇为主任，杨尚昆、曾传六为副主任。8月下旬，

中共中央、红军前敌总指挥部从毛儿盖出发过草地，到达若尔盖的班佑、巴西地区。

9月1日，毛泽东等致电张国焘，指出目前情况极有利于向北发展，如能"集中主力从武都、西固、岷州间打出，必能取得伟大胜利"，并再次要左路军迅速出班佑向右路军靠拢。第二天，中共中央在巴西召开政治局会议，着重讨论红一方面军工作方针问题，出席会议的有毛泽东、张闻天、博古、王稼祥、陈昌浩、邓发、刘少奇，以及彭德怀、李富春、徐向前、杨尚昆、李卓然、傅钟等。毛泽东对红一方面军的整理问题作了报告。会议决定向红一方面军发出指示信，并责成军委总政治部监督执行。刘少奇在会上发言，同意毛泽东关于红一方面军工作方针的报告与结论。并提出，红一方面军需要较长时间的整顿；红一、红四方面军会合后，应具体综合两方面军的宝贵经验。会后，刘少奇积极在红一方面军和红四方面军中间作团结工作，说明红一、红四方面军都是中国共产党领导下的工农红军，两军要加强团结，坚持斗争，克服困难，继续北上。

9月3日，张国焘复电党中央，公开反对党的北上方针，提出"右路军即乘胜回击松潘敌，左路军备粮后亦向松潘进"的南下主张，并命令已东进至墨洼（即麦洼）附近的红五军返回阿坝。5日，张国焘又命令在松岗、党坝、卓克基等地的左路军部队停止北上，就地筹粮待命。8日，毛泽东等联名致电张国焘，指出"左路军如果向南行动，则前途将极端不利"，希望"在阿坝、卓克基补充粮食后，改道北进"。此后，张国焘竟背着党中央电令右路军南下，并要"彻底开展党内斗争"，企图分裂和危害党中央。

9月12日，中共中央政治局在俄界召开扩大会议，讨论同张国焘的斗争及行动方针问题。出席会议的有毛泽东、张闻天、博古、王稼祥、邓发、刘少奇、凯丰以及蔡树藩、叶剑

英、林伯渠、李维汉（罗迈）、杨尚昆、林彪、聂荣臻、彭德怀、李富春、罗瑞卿、朱瑞、袁国平、张纯清、李德等共 21 人。由毛泽东报告同张国焘争论的经过和今后行动方针。会议作出《关于张国焘同志的错误的决定》，揭露了张国焘分裂党和红军的严重错误，号召红四方面军广大指战员团结在党中央周围，同张国焘的错误作坚决斗争，以巩固党和红军。接着中共中央、中革军委率红一方面军第一、第三军团由俄界继续北上。并致电张国焘，明确指出，中央率领红一、红三军团北上，只是为着实现中央的战略方针，并力图以自己的艰苦斗争为左路军及右路军的红四、红三十军团开路，以便他们北上。要求张国焘"立即取消所下之决心及命令，服从中央电令，具体部署左路军与四军、三十军继续北进"。

但是张国焘一意孤行，竟以"中国工农红军总政治部"名义发布《大举南进政治保障计划》，提出"只有大举南进，消灭川敌残部，才是真正的进攻路线，才是真正的配合全国红军的行动"，要求首先赤化四川，在广大地区内建立巩固的根据地。10月5日，张国焘打出反党旗帜，在理番县卓木碉（今马尔康足木脚）宣布另立"中央"。张国焘分裂党和红军的阴谋彻底暴露后，立即遭到全党、全军的反对，最后落得身败名裂。

1935年10月，红军结束长征，刘少奇随红一、红三军团胜利到达陕北吴起镇。历时一年、途经十一个省、行程二万五千里的红军，受到陕甘宁根据地军民的热烈欢迎。10月22日，中共中央政治局在吴起镇召开扩大会议，讨论红军行动方针问题。出席会议的有毛泽东、张闻天、周恩来、王稼祥、邓发、刘少奇、凯丰以及彭德怀、李富春、聂荣臻、叶剑英、贾拓夫等。毛泽东作关于目前行动方针问题的报告，提出"陕甘晋三省是发展主要区域"。会议决定党和红军今后的战略任务

是"建立西北的苏区，领导全国大革命"。

中国工农红军长征，是中国革命斗争史上具有伟大转折意义的历史事件，是一部惊心动魄、气壮山河的光辉史诗。刘少奇也是这部光辉史诗的书写者。自中共中央到延安后，延安便成了指导中国革命的灯塔，为全国人民所向往的圣地。

历万难抵达陕甘
肩重任开拓华北

　　1935 年 11 月初，中共中央率陕甘支队经保安到达甘泉县的下寺湾。中共中央政治局在下寺湾召开常委会议，决定中共中央分两路行动：一路由张闻天、博古、刘少奇、邓发、董必武、李维汉等率领中央机关从下寺湾直接去瓦窑堡（陕甘晋省委驻地、陕甘晋苏区的中心，今子长县）；另一路由毛泽东、周恩来、彭德怀率领红一方面军南下，迎接敌人对陕北的第三次"围剿"。

　　到瓦窑堡后，从 11 月 18 日起，刘少奇接连参加了由张闻天主持召开的中共中央政治局会议。11 月 18 日会议，主要讨论游击战争问题。11 月 20 日会议，主要讨论土地问题。11 月 29 日会议，主要讨论扩大抗日统一战线问题。会议确定要反对右倾机会主义和关门主义，扩大抗日统一战线，巩固自己的力量，使党和红军成为抗日的先锋。12 月 6 日会议，主要讨论富农问题。同日，中共中央作出《关于改变富农政策的决定》，指出在抗日反蒋、反苛捐杂税与军阀的斗争中，我们应该改变对富农的政策，"联合整个农民，造成广泛的农民统一战线"。这些会议的讨论已表明，客观形势的迅猛发展，已要求中国共产党对它有一个科学的分析，制订出正确的政治路线和策略来。11 月中旬，中共驻共产国际代表团成员张浩（林育英）从莫斯科到瓦窑堡，带来了共产国际第七次代表大会关于建立反法西斯统一战线的精神、中共驻共产国际代表团以中

国苏维埃中央政府和中共中央的名义于 1935 年 8 月 1 日发表的《为抗日救国告全体同胞书》（一般称《八一宣言》）以及同共产国际联系的密码。12 月 9 日，北平发生学生运动，标志着全国人民要求国民党政府停止内战、实现抗日的爱国运动的新高潮。

12 月 13 日，毛泽东从前线回到瓦窑堡后，中共中央便在前几次政治局会议的基础上立刻准备召开政治局扩大会议。这个扩大会议从 12 月 17 日开至 12 月 25 日，主要讨论和制定党在新形势下的政策和策略方针。出席会议的有毛泽东、张闻天、周恩来、博古、邓发、刘少奇、凯丰、黎平（吴亮平）、张浩、郭洪涛、李德等。会议通过了《关于目前政治形势与党的任务决议》及《关于军事战略问题的决议》，确定了党建立抗日民族统一战线的总政策和各项具体政策，以及把国内战争同民族战争相结合、发展巩固红军与根据地、渡河东征等战略方针和计划。

瓦窑堡会议给全党全军和全国人民指明了前进方向。这次会议认为，在目前形势下关门主义是党内的主要危险。刘少奇在会上就抗日民族统一战线、反对关门主义等问题，作重要发言。对于这一问题，他早在会前发表的关于《抗日反蒋与广泛的统一战线》一文中，就明确而深刻地指出，在民族危机关头，只有建立广泛的抗日民族统一战线，团结在一个目标、一个领导之下，进行坚决的民族革命战争，才能挽救民族危亡，实现民族的自主与独立。中国共产党是中国革命的唯一领导者，也是抗日民族统一战线的领导者。但不是当然领导，只有克服对抗日民族统一战线策略的重要性估计不足，克服严重的"左"倾关门主义和冒险主义、右倾机会主义等错误，才能团结广大的民众在自己的周围和领导之下，实现抗日民族统一战线的领导权。同时在抗日民族统一战线中，要坚持无产阶级的

75

独立自主原则，灵活运用统一战线的策略。

12月29日，中共中央召开常委会议，讨论北方局工作。会议认为，现在学生运动大活跃，他们起着开创革命的作用。但是学生运动的根本出路是到工人中去，到士兵中去，主要是到农村去。北方局的基本工作是工人运动，要克服关门主义，工人运动应同农村的斗争联系起来。河北各县有武装，在日本吞并河北的情势下，容易发展为武装斗争。会议根据这种情况，决定派曾在河北工作过的刘少奇为中共中央驻北方局代表；由周恩来准备作组织问题的报告。1936年1月17日，中共中央政治局便召开了会议，研究行动方针与组织问题。会议确定当年的基本任务是巩固扩大苏区，打通与苏联的联系，把国内战争与民族战争结合起来，扩大抗日力量及主力军。会后，刘少奇从瓦窑堡出发，经陕西郡县（今富县）、三原、临潼去华北，"指导华北党的工作，进行统一战线工作，并且在全国范围内宣传党的新政策"。3月底抵北方局驻地天津。

当时华北地区经过多年严重白色恐怖，党组织绝大部分被破坏，只保存了河北省委、若干基层组织和几十名干部。在斗争十分艰苦的情况下，他们还是坚持领导人民群众与国民党政府的不抵抗政策作出英勇斗争。在他们的领导下，1935年12月9日北平六千余学生举行游行示威，高呼"停止内战、一致对外"、"打倒日本帝国主义"等激动人心的口号，从而在全国掀起了要求国民党政府停止内战、实现抗日的人民爱国运动的新高潮。但是华北地区党内"左"倾机会主义思想也很严重和根深蒂固，缺乏斗争灵活性，不注意团结大多数人，使"一二·九"运动的发生发展曲折。

1936年1月下旬，奉行不抵抗政策的蒋介石在南京召集各校校长及学生代表训话后，即命令各地要对学生运动进行严厉制裁。2月里，平津数十所大中学校，便遭到武装军警的袭

击，二百多名进步师生被捕。河北省立北平高中的学生郭清被严刑拷打，惨死狱中。北平学联因此决定在 3 月 31 日在北大三院礼堂举行追悼郭清大会，给予反动派的严厉镇压以坚决反击。会后又举行了原先没有安排的抬棺游行。上街不久，即遭到军警袭击，五十多名学生被捕，一百多人受伤。由于是在白色恐怖下召开"三三一"大会，参加的都是各校的骨干和积极分子。这就完全暴露了自己的力量，付出了惨痛的低价。

刘少奇到达天津时，平津学生运动正处于低潮。他主持北方局工作，即提出华北党的任务和工作方针是：坚持"停止内战，一致抗日"的总口号，准备自己，准备群众，为保卫平津、保卫华北而战。强调指出，为顺利执行任务，必须联合华北一切愿意抗日的党派、阶层，建立抗日民族统一战线；必须首先肃清党内的"左"倾关门主义和冒险主义，保证实现党在策略上的转变。他写了《肃清立三路线的残余——关门主义冒险主义》一文，发表在中共河北省委的内部刊物《火线》上。当时党处在地下，刘少奇和北方局主要通过这个刊物传达党的指示和声音，指导各级党组织的工作。他在文章中着重指出，今天的形势，是日本帝国主义要把中国从半殖民地的地位，变为完全殖民地的地位。中国社会的各阶级、阶层除极少数甘心做亡国奴和汉奸的人之外，甚至从前是动摇的、反对革命的，现在都开始或已经同情、赞助与参加抗日反汉奸的民族革命斗争，"党的策略任务，就是要用极广泛的民族统一战线，去团聚各阶级、阶层、派别及一切抗日反卖国贼的分子和力量，开展神圣的民族革命战争，去战胜日本帝国主义及其在中国的走狗。广泛的民族革命统一战线，成为我党领导中国革命的胜利之路的中心问题和主要关键"。如果从今天的政治形势与党的任务来看，那么，这种关门主义与冒险主义的错误，就成了党的主要危险。

为给党和干部加强革命策略和群众工作方法的具体教育，刘少奇还抓住"三三一"抬棺游行的典型事件，写了《论北平学生纪念郭清烈士的行动——给北平同志的一封信》，也发表在《火线》上。他总结北平学生在"三三一"抬棺游行中，与校方发生严重对抗，并遭受军警突然袭击，许多重要学生骨干被捕的教训，指出它是少数先进分子的冒险行动，足以陷自己于孤立的"左"的偏向，是关门主义与冒险主义的错误在党内长期影响的结果。刘少奇说，"这样的行动，如果再有一次以至几次的话，在敌人严重进攻之下，会使一切民众的爱国组织完全不能公开，会使你们完全脱离广大群众，使许多组织塌台，使许多同志和先进的爱国志士被捕杀，使汉奸法西斯篡夺到'爱国运动'的领导地位来窒杀爱国运动。"刘少奇阐明，当敌人想尽一切办法来进攻爱国人民的时候，处于防御地位的爱国阵线，应取保存、巩固与加强自己组织和阵地的策略，避免决定胜负的战斗，以准备击退敌人。刘少奇这一及时而深刻的批评，在学生运动的骨干中引起很大震动，使他们得到了极为高明的指点，有的茅塞顿开，有的慢慢省悟。

5月，日本政府和冀察政务委员会秘密签订《华北防共协定》，日军向华北大举增兵。北方局决定发动平津学生示威游行进行反对。刘少奇向中共天津市委作了具体指示。他指出，利用敌人疯狂侵略已经激起广大人民群众的高昂抗日情绪，有可能以学生的行动，进一步推动党的抗日民族统一战线的建立，促成全国实现停止一切内战，抵抗日本侵略的目标，从而扩大党的组织和进步团体，壮大抗日的革命力量，打击日本帝国主义的侵略气焰。这一行动，估计不仅会得到各阶层人民的拥护，甚至还会得到地方军警的同情，有胜利的把握。中共天津市委通过天津市学生联合会，便在天津发动起万余学生、工人和市民的示威游行，高举"反对日本增兵华北"大旗，高喊

"停止内战，一致抗日"、"反对华北特殊化"等口号。它立刻在全国引起巨大反响。也果然在国民党第二十九军广大官兵中鼓起抗日热情，开始转向同情爱国学生。刘少奇领导北方局，对冀察政务委员会，对国民党第二十九军军长兼冀察政务委员会委员长宋哲元，作了一番细致研究后，认为他们虽同日本有很深关系，在全国救亡运动高涨的情况下，还是动摇的，不甘愿卖国当汉奸，有转向抗日的可能，因而及时制止了在运动中喊"打倒卖国贼宋哲元，打倒冀察政务委员会"的口号，改呼"拥护宋委员长抗日"、"拥护二十九军抗日"。这些口号的改变，使宋哲元和第二十九军的广大爱国官兵很快转向同情抗日救亡运动的立场，使群众的救亡活动及其所组织的救国团体，取得了进一步的合法性。工人、市民、学生的示威游行、罢工罢课、抵制日货等群众运动激扬震荡，蓬蓬勃勃。大批学生下乡宣传，发动农民参加抗日救亡斗争。

围绕组织人民阵线问题，刘少奇于 6、7 月间集中发表了他化名莫文华给邹韬奋的信《民族解放的人民阵线》、化名莫文华的《人民阵线与关门主义》一文，化名吕文的《论合作抗敌的一封信》等。一方面加紧对党外极有影响的人士的工作，一方面极力教育党内"肃清空谈领导"的做法，在组织人民阵线时，应该更大胆、放手，把门完全打开。在抗日救国共同目标下，把一切可能抗日的党派、团体联合起来。经过刘少奇等的艰苦工作，华北各界救国会、学生救国会、民族解放先锋队相继组织起来。并由华北的一些救国团体发起，在上海召开全国各救国团体代表会，成立以沈钧儒、邹韬奋、陶行知、史良、沙千里、章乃器等知名人士为理事的全国各界救国联合会，以平津为中心的"民先队"则发展到了全国各地大中城市。在华北汇合起的大规模抗日救国浪潮，为党和八路军以后在华北的独立抗战，创造了重大基础。

为开展抗日救亡工作，解决缺乏干部的问题，北方局又当机立断，采取特定历史条件下的特殊措施，作出要关押在北平军人反省院的一批共产党员履行敌人规定手续，以争取获释的决定。刘少奇报请中共中央批准后，当年秋，在日军进攻华北前夕，组织营救薄一波、刘澜涛、安子文、杨献珍等六十一人出狱，有效地保护了这批重要干部。他们先后被派往各地领导革命斗争，成功地加强了北方党的力量。在北方局的领导下，不但平津两市委得以很快健全和加强，河北省京东、津南、保属、直南等地区的党组织也都恢复，还先后建立了山东省委、山西省委和河南工委，并推动了华中、华南等地下党组织的成立和发展。刘少奇在北方局卓有成效的工作，深为中共中央赞许。中共中央书记处在 8 月 5 日给刘少奇和中共河北省委的信中，高度评价说："北方党的工作，自胡服同志（刘少奇化名）到后，有了基本的转变。"主要表现在：政治领导加强，严重的关门主义倾向得到纠正；努力扩大抗日战线，不仅建立了华北各界的救国联合会，而且能顾及全国，在学生、军队、农民等群众中，均有较好成绩；组织上，河北的党不仅能够帮助环绕河北的各省建立党的组织，而且能够顾及上海、西南、武汉等地党的建立；等等。"这些主要转变，足以奠定胜利的基础，开展着光明灿烂的伟大前途。"

9 月，阎锡山从绥远事变（日伪军于 8 月开始侵犯绥远，国民党将领傅作义率部抵抗）中看到日本帝国主义势将侵犯山西的前途，决定"守土抗战"。在中国共产党的推动和帮助下，建立地方性抗日群众团体"山西牺牲救国同盟会"。8 月下旬，阎锡山曾邀请薄一波回山西"共策保晋大业"。薄一波因觉得自己过去一直做党的秘密工作，没有做过上层的统战工作，也不愿意同阎锡山这样的人打交道，婉言谢绝。刘少奇知道后立即指出，阎锡山找上门来，是个好机会。不要还是认为我们不

能同阎锡山合作抗日，只应当做基层群众工作，不应当搞上层工作，一定要看到，现在形势正在发生大的变化，日本要灭亡中国，蒋介石继续不抵抗主义，阎锡山在动摇中。当前，党的任务是，既要搞好基层群众工作，又要搞好上层统一战线。

薄一波得到指示，马上去太原，了解情况，同阎锡山作初步接触，深深体会到刘少奇对形势的估计和提出搞好上层统一战线工作的要求非常正确，返回汇报。北方局决定加派杨献珍、董天知、韩钧、周仲英等，同薄一波一起，第一批去太原。薄一波等按照刘少奇抓实权、做实际工作、不空谈的正确方针，迅速地把工作开展了起来。不仅与阎锡山建立起特殊形式的统一战线，推动阎锡山抗日，壮大了抗日救亡的力量，并且迅速培养了一批干部，发展了党的组织和力量，也为华北完全沦陷后刘少奇和北方局安全转移山西，创造了回旋之地。

在中国共产党的有力推动下，停止内战，一致抗日，实现第二次国共合作的要求越来越强烈和不可遏止，1936 年 12 月 12 日，西安事变爆发，张学良和杨虎城扣押了对日持不抵抗主义的蒋介石，进行兵谏。一时风云突变。听说蒋介石被活捉，广大群众包括进步的教授和知识分子，还有共产党员，都要求把他杀掉。一是蒋介石血债累累，多少革命者和共产党员牺牲在他的屠刀下；二是以为这就可改变国民党的统治局面。为此，根据中共中央的指示，刘少奇一方面领导北方局加紧做阎锡山、傅作义等各实力派的工作，起来响应张学良、杨虎城的抗日主张。一方面及时向北方局党内解释中央关于和平解决西安事变，有条件释放蒋介石，逼蒋抗日的方针，有利于建立广泛的抗日民族统一战线，有利于反对日本武装侵略，挽救国家民族危亡。他以尚陶和 K.V. 名义，于 1937 年 1 月，连续发表《西安事变的和平解决与蒋氏的恢复自由》、《西安事变的意义及其以后的形势》两文，深刻阐明西安事变的发生，是中

国一部分民族资产阶级的代表，也是国民党实力派中的一部，不满南京政府坚持内战、对日投降退让政策，接受中共抗日主张的结果。"西安事变的和平解决，可以成为全中国大局好转之关键。"后来的事实证明刘少奇的分析和判断是正确的。由于我党的积极帮助，使西安事变得到和平解决，成为当时时局转换的枢纽，使国共两党在十年交恶之后终于开始了接触。

抗日民族统一战线形成后，日本帝国主义也开始改变手法，一方面加紧大规模侵略备战，一方面对国民党显示和缓姿态，频送秋波，企图拉拢蒋介石，破坏刚刚形成、尚不巩固的抗日民族统一战线。而且蒋介石毕竟亡共之心不死，处处三心二意，对中国共产党有很大戒心，国共之间的谈判进进退退，仍然很费周折。所以我们党在各个方面今后应该怎样坚持维护民族统一战线的方针，不为局部的变动而发生动摇，善于在新的环境中把握和利用新的斗争形式，是需要很好注意和解决的问题。善于思考和从实际上解决问题的刘少奇，于1937年2、3月间，就西安事变后的形势，结合他在华北地区工作中所遇到的一些实际问题，综合性地集中提出了既要防右又要防"左"、特别要注意防"左"的意见。

他接连给当时中共中央的主要负责人张闻天，写了好几封见地真切中肯的信。一方面陈述蒋介石在国共合作中一定会竭力加强自己力量和想方设法削弱中国共产党，因此我们不能放松任何戒备。一方面着重针对党内在国共合作问题上存在的某些形而上学观点，强调必须正确处理统一战线和阶级斗争的关系，指出用先进分子的左派组织去代替统一战线的组织，或者将左派组织溶解于统一战线组织，都是错误的。刘少奇在详细分析了西安事变后"左"倾情绪的具体表现，及其产生的原因后，着重指出：瓦窑堡会议的决议，仅是原则的转变，现已进入"实际的转变"。在这样的转变关头，哪怕是一点小小疏忽，

都要引起深远后果。为了防止"左"倾错误的发生，应在党内广泛宣传解释党的策略路线。加强党的行动纪律和政策纪律，我们的每一个行为，都必须异常慎重。刘少奇还明确提出，"白区工作一方面需要策略的转变，另一方面还有十年来的传统要转变"。这种续着，在某几点上还有发展。"为要转变十年的传统，对于过去的错误不能不在党内公开批评，不能不有一个检讨。"

刘少奇的意见得到中央重视，为党中央召开 5 月的党的白区工作会议讨论白区工作加大了决心。为了进一步动员全党和全国人民的巩固和平、争取民主、实现抗战而斗争，刘少奇得到中共中央要他去延安开会的通知。他即于 4 月从北平启程（西安事变后北方局迁到北平），于 1937 年 5 月 2 日至 14 日，出席了中共中央召开的，有苏区、白区和红军代表参加的党的全国代表会议，当时称为苏区党代表会议。刘少奇被选为大会主席团成员，就争取全国民主统一与党在统一战线中的领导权问题作了重要发言。

大会完毕后，从 5 月 17 日起，转入召开党的白区工作会议。刘少奇在会上作了《关于白区的党与群众工作》的报告，为会议总结过去白区工作的经验教训，批判"左"倾关门主义错误，阐明党在白区工作中应持的基本方针和斗争策略，提供了重要基础。刘少奇指出，为了完成"巩固国内和平，争取民主权利，实现对日抗战"的任务，为了民族统一战线在各方面实际地建立起来，战胜日本帝国主义，我们党的组织工作必须作出转变。这种转变有两重性质：一要改变我们斗争的组织与工作的方式；二要肃清与改变在党与群众工作中还存在着的错误的恶劣传统。前一种转变，是从武装的转到和平的，非法的转到合法的，秘密的转到公开的，单独的转到与同盟者合作的。后一种转变，是从机械的转到活泼的，主观的转到客观

的，空谈转变到实际，形而上学转到辩证法。

中央对刘少奇评价很高，认为他在白区工作会议上的报告"基本上是正确的"。他"在北方工作是有成绩的"。毛泽东赞扬他在白区工作方面"有丰富经验"，"懂得实际工作的辩证法"，"他系统的指出党在过去时间在这个问题上所害过的病症，他是一针见血的医生"。中央和毛泽东对刘少奇作这样高的评价，对刘少奇当时的工作也是一个极大支持。

正当刘少奇根据两个会议的精神计划北方局工作的时候，卢沟桥七七事变发生，全国抗日战争开始。北方局去延安开会的干部决定不再回平津。刘少奇和北方局的军事部长朱瑞，一起于7月下旬到达太原，作重新组建北方局的准备。8月初，北方局新机关成立，刘少奇任书记。

七七事变后，国共两党在联合抗日问题上达成协议，国共两党的统一战线进一步建立。为了制定党在抗日战争中的行动方针和具体政策，8月下旬中共中央举行陕北洛川会议，决定在敌后放手发动独立自主的游击战争，开辟敌后战场，建立抗日根据地。毛泽东在会上还对国共两党关系提出了"统一战线与政治警觉性"的问题，认为统一战线正在成熟中，但另一方面，党的阶级的独立性问题应提起全体党员注意。我们在作战方针和政治的总口号等方面，需要把国共两党区别清楚。根据中央方针，刘少奇指示薄一波等说，过去是准备抗战，现在是实行抗战，而且要从单纯的军队抗战，过渡到全面的民族抗战，我们的策略应有改变。"左"倾关门主义还要反对，但主要注意力应放在防右上。要坚持"统一战线中的独立自主，既统一，又独立"的方针。努力使自己成为抗战核心，不怕打破阎锡山的框框，切实掌握我党的领导权。

这时中央也要周恩来立即到太原、大同会晤阎锡山，商讨八路军入晋后的活动地区、作战原则、指挥关系、补充计划等

各项事宜。经过商谈的成果之一，阎锡山同意在晋北和绥远、察哈尔沦陷区成立第二战区民族革命战争战地总动员委员会，以实行战争充分动员和游击战争的组织工作，八路军派代表参加。9月20日，总委会在太原正式成立。中共方面派了邓小平、彭雪枫、南汉震和程子华参加领导。这是中国共产党在一个战略区内，和地方当局合作，实现抗日民族统一战线的具体组织形式。随着抗战形势的发展，战地动委会的各级组织在下面普遍建立起来。

总委会成立的当日，刘少奇同周恩来一起致电中央，报告情况，提出开展山西统一战线的策略方针：向阎锡山提出彻底工作办法，在任何地区、任何问题上均以统一战线政策打破其公开对立的阴谋，并纠正我们包办一切与不发动群众的倾向；尽量用左派面目出现来团结左派，发展左派，以树立山西及阎锡山的左派力量，便利统一战线的发展；在动员工作中要避名取实，尽可能的发动群众，推动左派、教导团、牺盟会及好的县长、特派员来出头，以便易于改革县政和领导筹款。接着，9月下旬，刘少奇与周恩来、杨尚昆等，接到毛泽东关于整个华北工作应以游击战争为唯一方向的电示。北方局决定把华北划成为几个战略区。在这些地区，如因统一战线的政治关系不能以军政委员会名义出现，就通过战区动委会来实现党在政治上和军事上的领导。

1937年11月，太原失守前夕，刘少奇率北方局领导机关转移到临汾帽儿刘村。太原失守后，临汾便成为山西抗战的政治中心。这时毛泽东在延安党的活动分子会议上，作"上海太原失陷以后抗日战争的形势和任务"的提纲性讲话，要求必须坚持统一战线中的独立自主原则，明确指出要在全党和全国反对投降主义或迁就主义，努力向结束片面抗战、代之以全面抗战的方向发展，积极争取这个前途。因为切中要害，党内的右

85

倾机会主义分子反对这个提纲。12月上中旬，刘少奇在延安出席中共中央政治局会议。针对王明在会上提出的右倾投降主义主张，否认统一战线中的独立自主原则，大谈要"一切经过抗日民族统一战线"实际是一切通过蒋介石的谬论，他多次发言，结合华北工作情况，鲜明地表现了自己的对立意见。

刘少奇说，我们所说的独立自主，不是破坏统一战线，而是尽量争取合法地位去进行工作。争取抗战胜利的基本条件是发展民众运动，动员千百万群众参加抗日。我们就要以共产党为领导来团结一切抗日的势力与阶层，建立抗日民族统一战线的政权，坚持敌后的抗战。我们就要经过统一战线去进行群众工作，直接动员群众，领导群众，扩大民族革命统一战线运动。由于王明刚从苏联回来，他是中国驻共产国际代表，又担任着共产国际的执行委员会委员、主席团委员和政治局书记处书记，假借是共产国际的指示，他的话对会议是有很大影响的。毛泽东对此坚决抵制，加上刘少奇等毫不含糊地站在毛泽东一边，才使王明的错误意见没有形成决议。

1938年1月上旬，刘少奇在山西洪洞县马牧村召开的中共中央军委华北分会会议上传达了这次政治局会议的精神，着重指出党在华北的中心任务，是坚持华北抗战；要坚持华北抗战，中心一环在于扩大与巩固抗日民族统一战线；而坚持正确的方针，则是建立广泛的统一战线的决定条件之一；我们要使在山西与阎锡山的合作，成为统一战线的模范。

为使全党全国人民认清抗战的形势和前途，明确中国共产党在全民抗战中的领导责任，争取抗战的伟大胜利，1938年9月29日至11月6日，在延安召开了中共扩大的六届六中全会。毛泽东作《论新阶段》政治报告和题为《战争和战略问题》、《统一战线中的独立自主问题》的总结，指出抗日战争即将进入战略相持阶段，号召全党认真担负起领导抗日战争的重

大历史使命。全会重申全党独立自主放手组织人民抗日武装斗争的方针，确定党的主要工作放在战区和敌后，大力巩固华北，发展华中。

会议期间，刘少奇作了华北党三年来工作的基本总结报告，并作了关于党规党纪的报告，对提交全会的《关于中央委员会工作规则与纪律的决定》、《关于各级党委暂行组织机构的决定》和《关于各级党部工作规则与纪律的决定》作出具体说明，针对王明在抗日战争开始后，从"左"倾一下跳到右倾，鼓吹"一切经过"统一战线，反对中央提出的关于在"统一战线中必须坚持独立自主的原则"和深入敌后建立抗日游击根据地的战略方针，在长江局工作中与中央不一致，闹摩擦，擅自发表宣言，破坏党的团结和纪律的行为，强调了增强党的团结和纪律的重要性，重申了少数服从多数、个人服从组织、下级服从上级、全党服从中央的原则。刘少奇尖锐指出，"如果所谓'一切经过'就是经过蒋介石和阎锡山，那只是片面服从"。这次会议基本上克服了王明右倾投降主义的错误，对统一各级领导机关的认识和行动，增强党的团结和战斗力，起了积极作用。

赴中原马不停蹄
战华中辟地千里

武汉失守（1938 年 10 月）后，抗日战争转入相持阶段。这时华北的敌后抗日根据地，在刘少奇等的努力下，已经初具规模，以后的任务主要是巩固，坚持既有阵地。而华中，由于王明路线的影响，未能有理想的发展，尚待大力开辟。为了适应战争环境与党的工作，党的六届六中全会在批判了王明的右倾错误路线以后，及时地确定了"大力巩固华北，发展华中"的战略方针。决定撤销以王明为首的长江局，设立中原局和南方局。会后，中共中央发出通知：以刘少奇、朱瑞、朱理治、彭雪枫、郑位三为中原局委员，刘少奇兼中原局书记，领导长江以北河南、湖北、安徽、江苏地区党的工作。南方局则以周恩来为书记。刘少奇即于 1938 年 11 月下旬出发去华中执行中央关于发展华中的任务。

华中情况，由于项英坚持执行王明的右倾投降路线，株守皖南，坐失良机，致使国民党的部队轻而易举地夺得华中广大敌后地区。早在 1938 年 4、5 月间，新四军刚到华中前线，中共中央就一再电示东南分局和东南分局书记项英，要他们迅速在大江南北的敌后地区，独立自主地开展抗日游击战争和开辟敌后根据地。但是项英固执己见，一味强调华中的情况"特殊"，说华中敌后都是平原水网地带，无山地依托，难于建立敌后根据地，拒绝中央的指示，在原地按兵不动。而这时候，国民党却变得聪明了，他们从共产党在华北发展敌后根据地的

战略行动中吸取教益，也尽力乘虚抢占起敌后地盘。特务头子戴笠和冷欣，搜罗五万土杂武装，抢先在苏南敌后成立"忠义救国军"，控制了苏南相当一部分地区。国民党第三战区司令长官顾祝同组织起"江南挺进军"，以一万兵力进入江南敌后，也控制了一部分地区。武汉失守后，蒋介石又任命第二十四集团军总司令韩德勤为江苏省主席。韩率领第 89 军进入苏北敌后，以兴化为据点，广罗苏北土杂武装整编十个保安旅，连同他带来的部队，以七万之众号称十万人马。此外，还有泰州地方实力派、鲁苏游击总指挥部总指挥李明扬部约二万人，直属财政部的税警总团陈泰运部约三千人。整个苏北，除日伪控制区外，几乎都在韩德勤手里。与皖西的安徽省主席、第二十一集团军总司令李品仙所率的桂系军队成东西呼应之势。当陈毅根据党中央指示率部挺进敌后时，只能去开辟人家吃剩的地区，直到 1939 年春才创建了以茅山为中心的苏南根据地。皖东和皖东北有为我新四军第四、第五支队和游击队所初步开辟的以定远藕塘、来安半塔集为中心的游击根据地，还有以涡阳新兴集为据点的豫皖苏游击区，但都还不很巩固。由于项英对顽固派的反共阴谋，缺乏应有的警惕和斗争，使我华中新四军处在敌伪顽分割、包围之中，随时有被各个击破的危险。

从这些情况不难看出，刘少奇所担负的发展华中的任务，是一件非常艰巨的任务。

刘少奇一行，于 1939 年 1 月下旬到达中原局所在地河南省确山县竹沟镇。他仔细听取河南、鄂中、鄂西北等地下党组织负责人朱理治、陶铸等的汇报。遵循向敌后发展的战略方针，中原局决定撤销湖北、河南两省委，成立豫鄂边、鄂豫皖、鄂中、鄂西北等区党委。为避免与国民党军发生摩擦，要求豫鄂地区新四军游击大队沿平汉铁路两侧国民党不去的区域发展，目标尽量缩小，多组织过渡形式的武装，多求质的巩

固，并准备仿照晋察冀先例，创建豫鄂边区根据地。在可能时派李先念率新四军一支游击队去鄂中活动。

后来，李先念即率领新四军豫鄂独立游击大队挺进豫鄂边敌后去开展游击战争，并在6月里与陈少敏所率领的信阳挺进队于安陆会合，两支部队统编为新四军豫鄂独立游击队，李先念任司令员，陈少敏任政治委员（不久由陶铸代理）。11月中旬，根据刘少奇指示，将豫南、鄂东、鄂中地区的武装部队又统编为新四军挺进支队，李先念任司令员，朱理治任政治委员。1940年1月，刘少奇鉴于李先念部已大为扩大，发展到了九千人，在湖北安陆、云梦、孝感、应城等地建立了根据地，给养等完全解决的情况，即指示将新四军豫鄂挺进支队改称豫鄂挺进纵队，由纵队首长朱理治、李先念、任质斌、刘少卿、陈少敏等组织纵队委员会，作为纵队党的最高领导机关，以朱理治为书记，负责指挥鄂中、鄂东部队的行动及制定一切重要军事、政治计划。根据这一指示，豫鄂挺进游击纵队即于1月上旬在鄂中京山县八字门正式组成，司令员为李先念，政治委员为朱理治，参谋长为刘少卿，政治部主任为任质斌。这就不仅为中原的敌后战场奠定格局，并为发展华中，建立了重要战略支点。到1940年底，与我华中敌后根据地相应，鄂豫边区范围扩大到十多个县，建立了九个县的政权，成立了鄂豫边区军政联合办事处，武装发展到一万五千余人的游击兵团，约十万人的民兵组织，建成大块鄂豫边根据地。

武汉沦陷以后，日本侵略军基本上停止了对中国的战略进攻，而加强了对中国大地主大资产阶级的诱降活动。1939年秋，中共中央鉴于日军已无继续向国民党作战略进攻的趋势，华中又极其需要加强党的领导，决定中原局进入华中敌后。当时因有事已回延安的刘少奇即偕同准备任新四军江北指挥部副指挥兼第四支队司令员的徐海东等四十多名干部再抵竹沟镇。

刘少奇基于国民党顽固派有可能对竹沟地区发动进攻的情况，对豫鄂边根据地作出紧急布置，要朱理治即率竹沟大部工作人员、武装与教导队，去豫鄂交界地四望山，集中注意力开展敌后工作，巩固现有部队，创造根据地，筹措给养。要竹沟留守处尽量缩小，主要办理后方勤务及交通。调豫西省委书记刘子久到竹沟主持河南及鄂西北秘密党的工作。刘少奇自己马上带领中原局领导机关向皖东转移。

当时的情况，如叶飞在他的文章《少奇同志与新四军》中所说，"在华中地区，由于王明右倾路线的影响，没有在思想上组织上准备与发展敌后游击战争，没有准备独立自主地建立抗日根据地，甚至反对建立根据地。又由于新四军副军长、军分委书记项英执行了王明的错误路线，没有迅速将新四军在皖南的部队和干部向敌后发展，使我党我军在华中抗战中的实际地位减弱，同华北和八路军的联系被隔断，陷于敌伪顽夹击的危境"。为了改变这种局面，刘少奇在向皖东转移途中，一路上都在考虑着各种计策。来到豫皖苏新四军游击支队司令部驻地安徽省涡阳县新兴集，以中共中央代表名义，检查、指导豫皖苏边区工作，听取彭雪枫、吴芝圃等的汇报后，他提出了"东进，东进，再东进"的战略号召，并把经过深思熟虑的腹案，向中央提出发展豫皖苏边区的工作意见。建议在淮河以北、陇海铁路以南的武装部队统归彭雪枫指挥，集中力量创造永城、夏邑、萧县、宿县等四县根据地，同时建立睢（县）杞（县）太（康）和商（丘）亳（县）鹿（邑）柘（城）两块小根据地，以便将来连成一片。加强部队正规化，巩固与扩大主力，准备在一二个月后抽一部分主力去津浦路东创造苏北根据地。刘少奇的建议，很快得到中央认可。中央要求整个江北的新四军应从安庆、合肥、怀远、永城、夏邑之线起，广泛猛烈向东发展，不到海边，决不应停止。

　　1939年12月，刘少奇率中原局机关抵达皖东定远县藕塘地区新四军江北指挥部。新四军江北指挥部是于该年5月初，由新四军军长叶挺根据东南局的指示精神，亲自去组织和建立起来的，由张云逸兼任指挥，徐海东任副指挥，赖传珠任参谋长，邓子恢兼任政治部主任，同时成立了党的江北指挥部前委，张云逸任书记。刘少奇一到这里，不顾长途跋涉疲劳，立即召开各种会议了解实际情况。

　　刘少奇到皖东时候，正是国民党顽固派掀起第一次反共高潮，要在华中作反共进攻的时候。刘少奇与张云逸、徐海东研究了皖东津浦路沿线，韩德勤（国民党江苏省主席兼苏鲁战区副总指挥）等部从东、西、北三面围击根据地，企图把新四军压过江南的情况，决定了以包围打破包围，打开东进道路的对策。他认为，在武汉失守前后，我们已经丧失建立皖东抗日根据地的时机，如果敌情及全国大局没有大变化，目前在皖东只能求得有限度发展，整个华中，有大发展希望的地区是豫鄂边李先念部活动地区、豫东彭雪枫活动地区和苏北，而以苏北为最。应把苏北作为突击方向，集中最大力量在这里发展，以依靠豫东彭雪枫、皖东北张爱萍地区向苏北发展为最好。"如果不解决苏北问题，八路军和新四军就不能打成一片，就不能建立巩固的华中根据地。"刘少奇在请示中央后，即与徐海东联名电示彭雪枫，要求根据中央关于新四军发展方针，订出具体计划，争取半年内发展豫皖苏边区新四军至二万五千人枪。这一谋略意在将皖东与豫皖苏的新四军以统一部署，加上江南新四军部队的协助，形成对韩德勤的三面包围态势。为增强开辟敌后抗日根据地的骨干力量，刘少奇决定把原鄂豫皖省委留在大别山帮助友军工作的一千多名干部调到皖东。

　　对反摩擦斗争的策略方针，刘少奇坚持"人不犯我，我不犯人，人若犯我，我必犯人"的自卫立场。同时决定对不同派

别的顽军采取不同策略，以争取多数，最大限度地孤立和打击最顽固者。他强调必须坚持抗日民族统一战线中又团结又斗争的方针，只有敢于坚决进行反摩擦的斗争，敢于争取反摩擦的胜利，才能求得生存和发展，才能扩大与巩固抗日民族统一战线。中原局到皖东后，刘少奇即主持召开中原局会议，传达中共中央关于向华中敌后发展的方针，批判了右倾投降主义，确定向东发展的任务，号召新四军江北部队坚决冲破国民党顽固派的限制，以实际行动实现中共中央提出的东进意图。并在他的建议下，经中央同意和指示，增补张云逸、徐海东、刘子久为中原局委员，把江北前敌委员会改为皖东军政委员会，以统一党和军队的领导，归中原局领导。1940年2月上旬，中共中央、中央军委的战略方针指示，明确刘少奇直接指挥完成皖东斗争任务，将皖东全部和江苏一部分化为巩固根据地。

国民党顽固派在3月，开始把反共摩擦的重心移向华中，首先在皖东发动全面进攻。华中的形势顿时紧张起来。中原局和新四军江北指挥部所在地定远县大桥地区首先遭到桂军与皖东地方武装的三路进攻。刘少奇决定"借此肃清皖东顽固武装，以便进一步巩固我们阵地，建立政权"。刘少奇等向新四军部队指示，皖东的反摩擦斗争已进入紧张关头，"我若不肃清皖东顽固武装，即不能在皖东存在"，"应不顾一切的坚决彻底地消灭一切顽固武装及伪政权，坚决建立进步的抗日民主政权"。刘少奇在新四军于3月11日攻占定远城后，立即指示成立定远县抗日民主政府，委派新四军江北指挥部统战科长魏文伯出任县长。并马上设计了在将嘉山、来安、天长等县顽固派武装一起打垮后，都委派县长、区长、乡长，以建立进步的抗日民主政权的蓝图。刘少奇即指示路东留守部队迅速肃清来安、嘉山、天长的顽固武装，委派三县县长，改革区乡保甲制度。3月15日，津浦路东第一个抗日民主政权也在来安建立

93

起来。刘少奇强调，"打鬼子要有枪，有了枪，还要有个家，这个家就是根据地，就是抗日民主政权"。由于指导思想端正了，方针明确了，新四军江北指挥部及所属部队，就放开手脚大干起来，大力加强地方工作，广泛动员和组织群众，改造原来政权，建立抗日民主政权，猛烈发展人民武装，经过短短几个月的努力工作，皖东新四军的兵力翻了一番。

4月上旬，刘少奇率中原局机关及新四军江北指挥部移驻津浦路东盱眙县半塔集（今属安徽省来安县），进一步具体作出皖东反顽作战部署，指挥集结在津浦路东的新四军各部队连续向韩德勤进行猛烈反击，将韩德勤部全部压过淮河北岸，路东地区的反共顽固武装也大部分逃往三河以北，冲开了建立民主根据地的大道。不多久，华中敌后第一块抗日民主根据地便具相当规模而屹立起来，路西政权区域包括定远、凤阳、滁县及合肥东北部，人口约70万，新四军的武装力量发展到1.5万人；路东政权区域包括来安、嘉山、盱眙、天长、六合、仪征、高邮和蒋坝、岔河地区，人口约150万，新四军武装力量发展到1.1万人。刘少奇神速地取得了发展华中的立足点和实现发展苏北计划的坚实前进基地。

但是，在围绕新四军的统一行动问题上，刘少奇与项英之间发生了严重分歧。项英连续向中央和刘少奇提出，要叶飞部新四军挺进纵队和陶勇部新四军苏皖支队迅速调回皖南，以减轻新四军军部受国民党顽军包围的压力，缓和与国民党第三战区的矛盾。这是刘少奇所坚决不能同意的。他指出新四军的发展方向是苏北敌后，必须从这个方向上来考虑问题。他向中央反复说明，在韩德勤部退守淮河北岸以后，新四军部队中只有叶飞等部能够担当对付韩德勤搞摩擦的任务，他说，管文蔚、叶飞所率的新四军挺进纵队，于1939年11月就渡江至江都县吴家桥一带活动，在扬（州）泰（州）地区已有一定基础，与

韩德勤直接控制的地区相接触，而且该部战斗力强，在军事上有承担困守待援的实力。而从皖南的情况来看，现既不能造成局面，再增加部队去江南是没有必要意义的。刘少奇揭示，"江南与顾（祝同）的谈判，中心问题是江北部队南调，这是准备消灭我军之毒辣计划"，因此是坚决不能同意的。4月中旬，中共中央在给项英和刘少奇的电文中，明确赞成刘少奇的意见。刘少奇开始把所能指挥和影响的新四军、八路军部队都纳入了向苏北敌后发展的计划。

其间，中央连续发出关于发展和巩固华中根据地的部署与策略的指示。4月初的指示指出整个苏北、淮北为我必争之地，凡扬子江以北、淮南路以东、陇海路以南、大海以西，统须在一年以内造成民主的抗日根据地。明确凡军事行动统归朱德、彭德怀及刘少奇指挥，一切具体工作部署、政治口号、政权建设、发展计划及统一战线方针，统由刘少奇负责会商黄克诚、彭雪枫考虑决定，报告朱德、彭德怀及中央军委。5月初又指示，华中今后一切具体行动由刘少奇命令实行，黄克诚、彭雪枫、彭明治、朱涤新等部应服从刘少奇指挥。

5月上旬，刘少奇就皖东、皖东北情况，报告中央，说明张爱萍部在皖东北根据地已发展到七千多人，部队枪支齐全。这支部队全由盛子瑾（国民党第六专署专员）所属部队改编而来，没有部队工作和作战经验。皖东北的专员、县长、区乡长已改造，但工作能力甚弱，在群众中尚无基础。敌人及顽固分子乘机进攻泗县根据地，这里与彭雪枫处的交通已断，韩德勤企图占领皖东北，以割断八路和新四军的联系。日伪和顽固派在皖东和皖东北到处骚扰，我兵力不敷，干部缺少，粮食、经费均不足。为解决各种困难，刘少奇建议必须立即向东发展。这一建议为中央所批准。同时，刘少奇即致电中共江北特委和中共苏北特委，指出，目前苏北党的总任务是，迅速从思想

上、组织上、武装上准备自己，以现在苏北的新四军部队为基干，抵抗敌寇、汉奸及顽固势力对我党我军的围攻，彻底战胜顽固反动势力，建立民主的抗日政权与根据地，以便最有效地长期坚持苏北敌后抗战，直至最后胜利。为此，要猛烈扩大苏北新四军，加紧在一切反共武装中的秘密工作，发展地方党的组织，最大限度地组织民众，广泛开展统战工作，争取中间势力。为了统一军队与地方党的工作领导，在两个特委之外应成立区党委。

6月，根据刘少奇建议，中央派黄克诚率八路军第二纵队主力到达豫皖苏新兴集，与新四军第六支队彭雪枫部胜利会师。随获中央军委同意，两部合编为八路军第四纵队，以彭雪枫为司令员，黄克诚为政治委员，并明确统归中原局直接指挥。经过多方调兵遣将，条件基本具备，刘少奇作出"首先向东发展，向西防御，集中主力打击韩德勤，大体上解决苏北"，然后集中主力向西解决皖东、皖东北问题的战略部署。于7月向中央提出了"迅速解决苏北问题"的意见。

刘少奇在设计东进方案时，曾积极建议江南新四军部队过江北向苏北发展，但是项英不听。后来，陈毅、粟裕独立决断，坚决执行中央关于发展苏北的指示，带领苏南部队主力北移到达苏中地区。陈、粟的重大行动，改变了争取苏北主要由江北新四军向东作战的局面，开始了苏南、江北部队共同向战略突击目标行动的步骤。于是，新四军苏北指挥部（新四军江南指挥部渡过长江后改称，陈毅、粟裕为正副指挥）东进到泰兴黄桥地区，力逼苏北，为同韩德勤的决战开辟了一个合适的战场，对刘少奇发展苏北的作战部署作出了切实补充。

9月，刘少奇鉴于华中我军处于敌、韩、桂三面进攻之下，为集中解决韩德勤问题，指示张云逸、郑位三，在政治上要竭力和缓与桂系军队的关系，可释放俘虏、送还枪支，在联

络其上层的同时加紧宣传，提出合作抗日的口号以动摇其下层，用一切方法和缓与分化顽军。9月上旬，韩德勤调集兵力向黄桥地区新四军发动进攻。妄图乘新四军立足未稳，进行消灭，尔后北上对付南下的八路军。由于新四军出击稍早，韩军很快后撤，未能诱敌深入、歼韩主力。10月上旬，韩德勤按捺不住，继作蠢动，兵分三路，再度进犯黄桥。新四军诱其长驱而入，奋起反击，一场决战来临。刘少奇果断指示各部队不惜代价增援陈、粟，并指示黄克诚全力南下。在黄桥决战中，陈、粟部新四军将韩军来犯者大部歼灭，共歼韩德勤嫡系第八十九军和独立第六旅等部 16 个主力团，1.1 万多人。与此同时，奋力南下东进的八路军第五纵队，一路冲破顽军阻挡，直克苏北重镇盐城。10 月 10 日，我南北两军，新四军苏北指挥部第二纵队与八路军第五纵队第一支队，在盐（城）阜（宁）地区胜利会师。至此，华中工作取得决定性的胜利，使津浦路东西直到海边各根据地打成一片，打开了在苏皖广大敌后地区建立抗日民主根据地的局面，完成了开辟华中的战略任务。

11月间，刘少奇率领中原局机关移至苏北，与陈毅会合，成立华中总指挥部。党中央任命叶挺为总指挥，陈毅为副总指挥，刘少奇为政治委员，统一指挥陇海路以南、长江以北新四军与八路军。在叶挺抵苏北前，由陈毅代理总指挥。

但是刘少奇明白，我军在苏北的巨大胜利，"实为顽固派不能坐视之事"，主张江南的新四军军部应在目前交通还未断绝的情况下从速北移，以防不测。可惜这一正确建议，也没有得到项英的重视。终于在 1941 年 1 月发生了惨痛的"皖南事变"。

在新四军军长叶挺被扣、副军长项英遇害的情况下，刘少奇（1 月 20 日）被任命为新四军政治委员，陈毅被任命为新四军代军长。以刘少奇为首的华中局（4 月下旬，中原局与东

南局合并为华中局，刘少奇任书记）受命领导整个华中的敌后斗争。根据中央指示，刘少奇和陈毅等领导重建新四军军部，将华中八路军和新四军各部编为 7 个师又一个独立旅，作为华中敌后各战区支柱，在地方党配合下，大力开展巩固华中敌后抗日根据地的工作。这使华中敌后形成了以苏北为中心的，包括苏南、苏中、淮北、淮南、皖中、鄂豫和浙东等根据地在内的、强大的抗战局面。这就完全确定了我党在华中的抗战地位，巩固了八路军与新四军的联系。华中是战略上的枢纽，在全国有极大的重要性。它像一把利剑高悬在了敌人的头上。

开展马列主义再教育
树立毛泽东思想红旗

  刘少奇在华北、华中两地的工作中，显示出了他的特殊领导才能，中央决定调他回延安工作。那时候的行程艰难，经过九个多月的长途跋涉，穿越敌人一百多道封锁线，方于1942年年底，风尘仆仆安抵延安。

  迎接1943年的到来，延安喜气洋洋。中共中央办公厅举办元旦盛大团拜，并欢迎刚从华中归来的刘少奇。毛泽东、朱德的讲话提出了新年的主要任务是战斗、生产和学习。

  关于学习，是指继续深入开展1942年2月开始的在全党普遍进行整顿三风的学习运动，完成反对主观主义以整顿学风、反对宗派主义以整顿党风、反对党八股以整顿文风的任务。这个运动极大地促进了广大党员干部改造思想、改进工作、理论联系实际的自觉性，得以从根本上划清马克思主义与教条主义的界限，统一认识，加强团结。正是在这样全党整风的基础上，并为通过《中央关于中央机构调整及精简的决定》，1943年3月16日至20日，中共中央召开了一次重大的政治局会议。

  刘少奇就中央组织问题提议中央书记处设一个主席，两个书记，书记作为主席助手。刘少奇的重要意见为会议所接受。会议推选毛泽东为中央委员会主席、中央政治局主席、中央书记处主席，并决定中央书记处由毛泽东、刘少奇、任弼时组成，根据政治局决定的方针处理日常工作。在政治局和书记处

之下设立中央宣传委员会和中央组织委员会，作为政治局和书记处的助理机关。中央组织委员会由刘少奇、王稼祥、康生、陈云、张闻天、邓发、杨尚昆、任弼时组成，刘少奇兼书记，负责统一管理中央组织部、统战部、民运工作委员会、中央研究局和海外工作委员会等。刘少奇参加中央军委并任军委副主席。为既分工又统一各地区工作的领导，华中党政军民工作统归刘少奇负责。刘少奇身兼数职，开始了他头绪纷繁的中央领导工作。

在党的整风运动中，刘少奇全力协同毛泽东等一起，领导全党对党的历史上的"左"右倾机会主义路线进行总批判和总清算。1943年3月间，他结合自己从1936年春到1942年春的经历，撰写《六年华北华中工作经验的报告》，在党内作讲话，指出"左"倾机会主义路线统治白区党组织的时间很长，影响很深，损害很大，直到中央召集白区党代表会议时，华北的反对者还在党内活动，坚持拥护历史上白区党的"左"倾机会主义路线，企图否定当时华北党的正确路线，不认为那种"打倒一切，一切不合作，一切斗争到底，原则上否定策略路线的曲折性及在一定条件下防御、退却的必要性"的路线是错误，不认为肃清这一当时执行党的统一战线新政策的主要障碍是必要的。如果说在内战时期"左"倾机会主义路线统治苏区和红军党的时间并不算很长，在遵义会议以后已经基本上纠正过来了的话，那么，"左"倾机会主义路线统治白区党组织的时间是很长的。在苏区及红军的党组织还没有被"左"倾机会主义路线统治的时候，白区党的组织早就被这种路线统治了，在苏区及红军的党组织克服了"左"倾机会主义路线之后，白区党组织中的这种路线还没有被克服。虽然在"六大"以后的一个时期内以及在四中全会以后的一个时期内，白区党组织中的"左"倾机会主义路线被纠正过，但这种纠正是极不彻底

的，特别是在思想体系及群众斗争策略、组织形式、斗争形式等方面，没有被彻底纠正过来。

对于华中的经验，刘少奇则在另一方面着重指出，在武汉失守以前，华中本有发展游击战争的很好条件，但是由于当时的华中负责同志在统一战线政策上实行了一条一味让步的右倾机会主义的路线，不敢采取有组织的独立自主的方式去参加抗战，更不敢独立自主地到敌后去团结一切抗日阶层与抗日势力，建立自己领导下的抗日民族统一战线，建立民主根据地与抗日民主政权，因而白白地放过了最好时机。刘少奇还严肃地指出了华中负责同志的组织纪律性问题、党性问题和思想方法问题，他们不执行中央的屡次指示，轻视华北实践已经证明的经验，强调华中特殊性，在行动上坚持自己与中央抵触的错误路线，才造成严重的后果。在武汉失守前，如果华中的负责同志此时是有决心的，动员上海、南京、汉口等地大批干部、党员及非党抗日分子到敌后工作，如果将新四军大胆地分散深入到敌后活动，那我们一定能够在敌后组织大批的武装部队，并建立起很多的根据地。然而，当时华中的负责同志没有这样做，仅仅以帮助国民党军队抗战为满足。他们在上海、南京、武汉相继失守的时候，组织党员与同情分子一起往大后方退。甚至在国民党采用各种办法来限制我们及向新四军部队实行无理摩擦和进攻时，也不敢采用坚决自卫的斗争方针，而只是一味地让步。因此，就不能不丧失在敌后发展游击战争及建立根据地的大好时机，就不能不助长大资产阶级敢于向我们进攻的嚣张气焰，就不能不脱离广大的中间阶层，而陷自己于严重孤立和危险的境地。

刘少奇还集中到一点指出，华北华中以及皖南实践的经验，这样明确地证明了一个真理：抗战以来，应该说是遵义会议以来，党中央的路线和方针是完全正确的。谁违背了它，谁

101

就不能胜利。刘少奇就这样把王明等人所犯的"左"右倾机会主义路线进行了有理有据、鞭辟入微的分析和批评，撕掉了他们原来在党内还能唬人的面具，剥夺了他们在党内的本钱，这就从实际上雄辩地反映了中国共产党自从毛泽东掌舵以后，情况就大不一样了，并捍卫了毛泽东掌舵以后的正确路线。

为了集中地说明以上问题，刘少奇很注意运用毛泽东的思想来批评和清除党内的各种非马克思主义的错误思想。他借纪念中国共产党成立二十二周年，撰写《清算党内的孟什维主义思想》一文，主要论述了毛泽东及其思想在中国革命历史中的作用和地位。刘少奇指出，我们党在这二十二年中，在三次连续不断的全国性的革命战争中，经受了各方面的严格考验，它经过了多次的胜利，也经过了多次的挫败。它走着非常迂回曲折的道路，以至于今日。它屹立于伟大中国的国土上，并成为不可战胜的力量，成为中国政治生活与历史事变中重要的决定因素之一。正是因为它走过了各种迂回曲折的道路，经受了各方面的严格考验，所以它也就把自己锻炼得特别坚强，它也就具有各方面的特别丰富的革命斗争经验。可以说，它在这二十二年中比世界上任何一国的共产党都经历了更多的重大事变，有更丰富的革命斗争经验。不论是武装的与非武装的，国内战争的与民族解放战争的，公开的与秘密的，经济的与政治的，党外的与党内的等各种复杂形式的革命斗争，我们的党都经历过了，都有丰富的经验。"而特别值得指出的，就是在二十二年长期艰苦复杂的革命斗争中，终于使我们的党、使我国的无产阶级与我国革命的人民找到了自己的领袖毛泽东同志，我们的毛泽东同志，是二十二年来在各种艰苦复杂的革命斗争中久经考验的、精通马列主义战略战术的、对中国工人阶级与中国人民解放事业抱无限忠心的坚强伟大的革命家。"

刘少奇进而指出以马列主义的普遍原理为指导很好地总结

我们党在各方面的斗争经验，是今天我们全党的最重要的任务之一，因为这些经验是马列主义的总结，是团结全党、教育全党、提高全党以至争取中国革命胜利的最重要的一环。

需要总结的党的斗争经验极其丰富，但最重要的是要区别真假马克思主义。刘少奇说，马克思主义与马克思主义者，是有真假之分的。这种真假之分，并不以各人的主观自命为标准，而是有其客观标准的。如果我们的党员不了解这种区别真假马克思主义者的客观标准，而不自觉地盲从在一些假马克思主义者之后去进行革命，那是再危险也没有了的事。这种经验应该是我们党的各种痛苦经验中最痛苦的一个经验。过去我们党遭遇了许多不应有的挫折和失败，走了许多不必走的弯路，最主要的原因，就是在我们党内存在这些假马克思主义者，许多党员不自觉地盲从在这些假马克思主义者之后，以至使这些人占据了某些组织某种运动的指导地位，甚至在某些时候占据了全党的指导地位，因而把革命运动引上痛苦而困难的道路，这是我们全体党员必须引为深戒的一个痛苦经验。

刘少奇指出，党的过去的历史，存在着两条路线的斗争，一个以毛泽东为代表的正确战线，一个以各派机会主义者为代表的错误路线。在大多数情况下，错误路线被克服了下去，但对其思想体系总是没有彻底加以克服和清算，给以致命的粉碎性打击，所以一有机会，到了某个时期某种条件之下，便又发展猖獗，危害党。现在应该是时候了，应该从思想上、政治上、工作上彻底清算。只有这样，才能惩前毖后、治病救人，才能维护党的队伍的统一和纪律，才能保证党的经常的正确领导，才能在今后领导中国革命到达胜利。否则，我们就不能在艰苦复杂伟大的时代中，很好地实现我们先进政党的历史使命。要清除党内的机会主义思想及其体系，就要在党内用无产阶级的思想意识去清除党内小资产阶级的思想意识，就要使党

103

员能够在一切形态上区别无产阶级与小资产阶级的思想意识。这种工作已经做了，有些地方还正在做，这就是毛泽东所号召的整顿三风的运动。我们应该在整风的基础上，进而总结党的二十二年来的丰富历史经验，在思想体系上对机会主义进行彻底清算，把党的布尔什维克化提到更高的阶段，这就是我们在党的建设上今天的中心任务。刘少奇号召，一切干部，一切党员，应该用心研究与学习毛泽东关于中国革命的及其他的学说，应该用"毛泽东同志的思想"来武装自己，并以"毛泽东同志的思想体系"去清算党内的机会主义思想。在这些话里，很明显，关于毛泽东思想的提法，正在党内孕育，刘少奇是积极的推动者。

刘少奇关于要在思想体系上对机会主义进行彻底清算的主张，无疑代表了全党的呼声，反映了当时的历史要求。1943年10月间，中共中央决定党的高级干部重新学习和研究党的历史和路线是非问题。1942年开始的整风运动进入总结提高阶段，全党整风运动告一段落。刘少奇参加中央学习小组会，会议由毛泽东主持。参加会的还有周恩来、王明、康生、朱德、张闻天、陈云、邓发、博古、王稼祥、董必武、林伯渠等。10月下旬刘少奇在西北局高干会上作关于党的历史问题的讲话。讲话直截了当地批评了抗战以来党内以王明为代表的右倾投降主义路线，表现在对抗战形势的估计（中日关系）、统一战线（国共关系）和战略等问题上的错误观点，对党的工作带来的危害。指出六届六中全会基本上纠正了投降路线，政治上解决了问题，但思想问题没有来得及解决，整风和审干就是为了解决这个问题。

经过半年的学习后，1944年4月12日，毛泽东代表中央政治局，在延安高级干部会议上作《学习和时局》的报告，对全党高级干部学习党史中的两条路线问题作总结。毛泽东强

调，这次处理历史问题，不应着重于一些个别同志的责任方面，而应着重于当时环境的分析，当时错误的内容，当时错误的社会根源、历史根源和思想根源，实行惩前毖后、治病救人的方针，借以达到既要弄清思想又要团结同志这样两个目的。对于人的处理问题取慎重态度，既不含糊敷衍，又不损害同志，这是我们的党兴旺发达的标志之一。

1944 年 5 月 21 日，中共六届七中全会于延安杨家岭召开。七中全会第一次会议选出毛泽东、朱德、刘少奇、任弼时、周恩来五人组成主席团，毛泽东为主席团主席，决定在全会期间由主席团处理日常工作，书记处及政治局停止行使职权。六届七中全会反映了整风运动的胜利成果，使全党达到了思想上和政治上的空前一致，为党的第七次全国代表大会的胜利召开，为迎接对日战略大反攻，作了充分准备。

经过充分酝酿，1945 年 4 月 20 日，在六届七中全会第八次全体会议上通过了《关于若干历史问题的决议》。《决议》对党的若干历史问题，特别是对以王明为代表、以教条主义为特征的"左"倾错误作出详细结论。高度评价了毛泽东运用马列主义解决中国革命实际的杰出贡献。指出在全党确立毛泽东的领导地位意义重大。《决议》肯定刘少奇是"正确路线在白区工作中的代表"，"在白区工作中的策略思想，同样是一个模范"。这些评价使刘少奇站在毛泽东的正确路线一边的地位和作用，得到了应有的承认，意义很不寻常。

《决议》原准备提交党的七大讨论通过，提前在六届七中全会上讨论通过，主要为使七大集中讨论解决抗战建国方针的问题。经过很长时间的准备，4 月 28 日至 6 月 11 日，党的七大召开。毛泽东致开幕词，作了《论联合政府》的政治报告。朱德、刘少奇、周恩来分别作了《论解放区战场》、《关于修改党章的报告》、《论统一战线》的报告。

刘少奇在开幕式上，也作了讲话，指出大会的目的就是动员一切力量，最后打败日本侵略者，建设一个独立的、自由的、民主的、统一的、富强的新民主主义共和国，中国如果走上这条线路，就是中国人民的幸福。他呼吁"全党团结起来，在毛泽东同志所指示的方针之下前进！"他在 5 月 14 日至 15 日所做的《关于修改党章的报告》中，一方面论述了中国共产党的性质，指导思想，中国革命的特点，党的群众路线、民主集中制等一系列重大理论原则；一方面对毛泽东之所以成为全党的领袖、毛泽东思想成为党的指导思想，也作了系统阐述。他充满激情地指出，以毛泽东同志为首的党中央的马克思列宁主义的领导及其无限威信，和大批久经锻炼的、以马克思列宁主义、毛泽东思想武装起来的干部，足以担当党中央和毛泽东同志所指导的事业。党在过去获得伟大成就的重要原因之一，就在于把毛泽东思想作为了自己一切工作的指针。

刘少奇说，百余年来，灾难深重的中国民族和中国人民，为了自己的解放而流血斗争，积累了无数丰富的经验，这些实际斗争及其经验，不可避免地要形成自己的伟大的理论，使中国这个民族，不但是能够战斗的民族，而且是一个有近代科学的革命理论的民族。这种理论只能由中国无产阶级的代表人物创造出来，而其中最杰出最伟大的代表人物，便是毛泽东同志。我们的大会应该热烈庆祝：在中国共产党产生以来，产生了、发展了我们这个民族的、特色的、完整的关于中国人民革命建国的正确理论。这个理论，已经指导中国共产党与中国人民得到了极大的胜利，并将继续指导中国共产党与中国人民得到最后的、彻底的胜利和解放。这个理论，就是毛泽东思想，就是毛泽东同志关于中国历史、社会与中国革命的理论与政策。

什么是毛泽东思想？刘少奇认为，毛泽东思想"就是马克

思列宁主义的理论与中国革命的实践之统一的思想，就是中国的共产主义，中国的马克思主义"；"就是马克思主义在目前时代的殖民地、半殖民地、半封建国家民族民主革命中的继续发展，就是马克思主义民族化的优秀典型"。关于毛泽东思想的内容方面，刘少奇概括地说，这就是毛泽东同志关于现代世界情况及中国国情的分析，关于新民主主义的理论与政策，关于解放农民的理论与政策，关于革命统一战线的理论与政策，关于革命战争的理论与政策，关于革命根据地的理论与政策，关于建设新民主主义共和国的理论与政策，关于建设党的理论与政策，关于文化的理论与政策等。

刘少奇说，我们党和许多党员，曾经因为理论上的准备不够，因而在工作中吃了不少的徘徊摸索的苦头，走了不少的不必要的弯路。但现在已经由于毛泽东同志的艰巨工作和天才创造，为中国共产党和中国人民在理论上作了充分准备，这就会极大地增强我们党和中国人民的信心和战斗力量，极大地加速中国革命胜利的进程。因此，现在的重要任务，就是动员全党来学习毛泽东思想，宣传毛泽东思想，用毛泽东思想来武装我们的党员和革命的人民，使毛泽东思想变为实际的不可抗御的力量。6月10日延安《解放日报》社论评述，刘少奇的这个报告"是我党组织路线的总结与发挥"。

由于大会正确总结了中国共产党领导中国革命的斗争经验，制定了党的路线，确定了毛泽东思想为全党的指导思想，使全党达到了前所未有的巩固和团结一致，为赢得抗战的最后胜利奠定了不可动摇的基础。七大闭幕后，在6月19日的七届一中全会上，毛泽东被选为中央委员会主席，毛泽东、朱德、刘少奇、周恩来、任弼时被选为中央书记处书记；形成了以毛泽东为首的高度团结统一的党中央的核心。中国革命之船，更加鼓起风帆，破浪而进，迎来了一个又一个胜利。

施妙计争取东北
定大局运筹帷幄

　　在发展华中的工作中，刘少奇已经显示出了他在军事上的优秀才能和指挥艺术，他特别擅长于从战略上来考虑问题。后来在争取东北的工作中，刘少奇更以一个伟大的军事战略家的形象出现在历史的舞台上。有人说，促成历史演变的真正的魔术师就是战略。

　　对此，斯大林说得真切："如果说战略不能改变运动客观过程中的任何东西，那么在这里，在运动的主观的自觉的方面则相反，战略的运用地盘是广阔的，多种多样的；因为它，即战略，可以加速或延缓运动，也可以把运动导入捷径或引向更艰苦的道路，这是以它本身的完善或欠缺为转移的。"

　　1945 年 8 月 6 日和 9 日，美国先后在日本广岛、长崎投下原子弹。8 月 9 日，苏联对日宣战，百万红军进入中国东北向日本关东军发起总攻击。我国抗日民族解放战争获得最后胜利。时局处在了巨大的转折关头，谁掌握了它，谁将成为历史的主宰。

　　中国共产党不失时机地努力争取东北，就是抗日战争胜利后，整个中国人民解放战争时期出奇制胜的开局妙招，是久经苦难的中国人民终于获得新民主主义革命胜利的重要基础。东北的战略地位非常重要。如果东北为我所有，我解放区既可因此摆脱长期受敌包围的态势，又可使华北与东北连成一片，造成背靠苏联、蒙古、朝鲜，与其他各解放区共成"坐北面南"

的局面。那么，事情即如朱德所说，"南面定天下"。古来如此，我们将来也会如此。后来的历史进程，虽然迭起波澜，但是蒋介石在东北的严重受挫，他的数十万精兵落得被"关门打狗"的下场，早在中国共产党努力争取东北之时就注定了命运。争取东北，是党中央的英明决策，毛泽东是指挥全国人民解放战争的统帅。但是在这盘争取东北的斗争中，刘少奇有着特殊的卓越贡献。

毛泽东赴重庆谈判期间（1945 年 8 月 28 日至 10 月 10 日），中共中央决定由刘少奇代理中共中央主席职务，主持中央的全面工作。这个时期，是争取东北，夺取进入东北的先机，最关键的时刻，任何决策上的犹疑不决和行动上的片刻迟缓，都将犯极大错误，刘少奇曾严峻地说过，这"将逃不了历史的惩罚"。

争取东北的问题，早在 1942 年 7 月，毛泽东在给刘少奇的一封电报中曾有所考虑。当时太平洋战争已经爆发，毛泽东估计，战后我军可能须向华北和东北发展，提出要控制全山东，作为部队转移的枢纽。1945 年 6 月毛泽东又在党的第七次全国代表大会的总结报告中，对东北的重要战略地位和把东北建成中国革命的巩固根据地的问题，作了精辟阐述。他指出，从中国共产党和中国革命的最近将来的前途看，东北特别重要，只要有了东北，中国革命就有了基础。毛泽东认为，我们当时的基础还不巩固，我们的根据地在经济上还是手工业的，没有重工业，在地域上也没有打成一片。这次大会，为夺取抗日战争的最后胜利和新民主主义革命的彻底胜利，作了政治上、思想上、组织上的准备。但是，毕竟因为抗日战争还在进行中，党的战略方针，不可能也不应该有什么大幅度的转变。从 1944 年起，我军为打击和牵制日军打通平汉、湘桂、粤汉等铁路的军事行动，配合国民党军正面战场作战，进一步

扩大解放区，对日伪军展开了局部反攻。中共中央确定的战略方针是"巩固华北、华中，发展华南"。党的七大后，人民军队仍然继续按照这个战略方针来部署行动。

然而，随着抗日战争的迅速胜利，急剧地改变了国内外形势。蒋介石利用各种手段很快抢占了华南、华东以至华中的一大批大中城市和主要交通干线。但是，蒋介石也深感时间不够、兵力难继，要想马上进占华东、华北、东北等地，那是办不到的；同时，为了在全国人民面前摆出一副和平姿态，从8月14日起，三次电邀毛泽东到重庆去谈判以便争取时间，利用美国的军舰、飞机和各种援助，运送和支持国民党军去抢夺华东、华北、东北的重要港口、铁路干线和大中城市。尽管中国共产党深知蒋介石不讲信义，他是一定要消灭共产党、把内战强加到人民头上的；但是也完全明了，抗战胜利后，和平毕竟是全国人民最急切的希望和要求。中国共产党坚决站在人民一边，真诚地争取和平民主，反对内战独裁。为维护和平，避免战争，揭露美、蒋阴谋，团结、教育人民，中共中央毅然派出了毛泽东、周恩来、王若飞等组成的中共代表团，于8月28日飞赴重庆，参加国共两党的谈判，而蒋介石按照他的既定方针，就在毛泽东到达重庆的第二天，向部队重新印发了十年内战期间的《"剿匪"手本》。在谈判进行中，蒋介石的军事行动从未停止，向八路军、新四军驻地和解放区中心地带接连发动进攻，战火遍及华南、华东和中原等地区。其战略目标是抢占平津，控制华北，继而进占东北。蒋介石在谈判中把东北问题排除在外，这表明他要独占东北，决不让共产党染指。

这些情况充分表明，原来向南发展的战略已不适应形势的变化，迫切需要改变。1945年9月19日，刘少奇主持召开中共中央政治局会议。刘少奇根据会议决定，为中共中央起草了一份党内的指示电，即"关于向北发展向南防御的战略方针部

110

署的指示"。指出："目前全党全军的重要任务，是继续打击敌伪，完全控制热、察两省，发展东北我之力量并争取控制东北，以便依靠东北和热、察两省，加强全国各解放区及国民党地区人民的斗争，争取和平民主及国共谈判的有利地位。"为实现这一任务，应作如下部署：晋察冀、晋绥两区以现有兵力对付傅作义、马占山向察哈尔张家口的进攻；山东主力及大部分干部迅速向冀东和东北出动，各调 3 万兵力去冀东和东北；华东新四军调 8 万兵力到山东和冀东，浙东部队立即向苏南撤退，苏南、皖南主力立即撤返江北；晋冀鲁豫军区竭力阻滞并打击国民党的北上部队，准备 3 万兵力在 11 月内调到冀东和进入东北；成立冀热辽中央局，并扩大冀热辽军区，山东分局改为华东局，华中局改为分局受华东局指挥（后因形势变化，关于成立冀热辽中央局并扩大冀热辽军区的决定没有实行）。指示最后强调："全国战略方针是向北发展，向南防御。只要我能控制东北及热、察两省，并有全国各解放区及全国人民配合斗争，即能保障中国人民的胜利。"

从这些重大的部署中，"向北发展"主要是赶在国民党军队前面，夺取先机，向东北全境发展，以全力争取整个东北到手。"向南防御"就是收缩南方战线，将江南部队撤至长江以北，加强长江以北的防线，坚决打击和集中歼灭来犯之敌，牵制和阻滞国民党向华北和东北的进军，并从邻近东北的地区急速抽调兵力向东北集结。在"向北发展，向南防御"的战略决策中，争取东北是其中的核心。

党中央的"向北发展，向南防御"的战略方针发布以后，向东北的行动迅速展开，中共中央和中央军委的指示电报，在刘少奇的笔下纷纷发出。在毛泽东 10 月 11 日返回延安前的 20 天时间内，中央给各地的电令，内容大致如下：

一、关于催调和接引部队、干部迅速进入冀东、热河和东

111

北的电令。9月20日，向山东分局明确提出，发展东北，控制冀东、热河，进而控制东北的任务，原则上要以山东的全部力量来完成，必须全力执行，越快越好。同时，向彭真、陈云指示，要依靠山东力量在两个半月内组织20万至30万作战部队，要以东北人民自治军等正式名义组织大规模的正规军，要立即派人接引山东的部队和干部。到9月24日，向东北局更加强调指出，美军将在天津、大连登陆，助蒋运兵进占平津、东北，目前东北局最重要的工作是迅速组织和接引山东部队和干部进入东北，否则将失先机。9月28日，指示滕代远、薄一波说，杨得志、苏振华三个旅即开赴冀东很好，冀鲁豫须再准备1.5万人于10月底出发开赴冀东。9月29日，再次向山东和东北敦促，指出山东部队和干部如从陆路进入东北，两个月也不能到达，那时国民党军队必将进入东北，所以必须不顾美国军舰的巡逻，全力迅速组织渡海，要在20天至一个月内渡过二三万部队和干部，以完成战略任务。

二、关于阻滞蒋军北进、确保我大批主力部队和干部前进东北的电令。当时蒋介石命胡宗南、孙连仲、何柱国、陈文庆、李品仙等率大军，利用日伪军掩护，分由同蒲、平汉、津浦三路北进，又令傅作义沿平绥路东进，企图夺我张家口及被我包围的平津、济南，进而控制热、察两省及东北。针对这些情况，9月22日，中央指示刘伯承、邓小平、聂荣臻、萧克、罗瑞卿、罗荣桓、黎玉、张云逸、饶漱石、宋任穷、杨得志、苏振华、贺龙、李井泉等，分别阻滞由同蒲、平汉、津浦三路北进的国民党军，至少迟滞其两个月的时间，使我能完全控制张家口、古北口、山海关一线，在冀东准备好战场，甚至阻止国民党军根本不能由此三路北进。电文还强调并部署了与三路国民党军追跟扭打的作战方法，要求每路都组织起一支3万至5万人的野战军，在国民党军前后左右跟随北进，死死纠缠，

在有利条件下则猛力出击消灭其有生力量，一直跟随到平津再配合冀东部队在冀东进行决战。

三、关于东北的战略方针与工作部署的电令。从9月24日、10月2日、10月9日等几个电报中看，主要指示东北局：（1）首先要将主力部署在背靠苏、蒙、朝边境，以便立稳脚跟之后再争取大城市和要道。（2）东北武装应因地制宜分为两种，一是分散在各地的地方自卫武装，准备在将来不利时可成为武工队；一是较集中的武装，应布置在靠近热河、蒙古、苏联、朝鲜的地区，以便生存、发展，保存大量武器，尤其是重武器。（3）部队必须迅速摆开分散，每县一连一排，迅速发展扩大，收编、改造伪军伪警。（4）沈阳及其他城市的武器、资材，应向乡村及热河运出。（5）对长春铁路的路警及其他路警，应有计划地打入，或实行改造与控制。（6）目前在大城市和要道除找取物资、兵员外，主要是发动群众，进行民主运动。在各大城市成立总工会及青年、妇女的筹备会，提出纲领、会章，召集各种会议，实现要求，发动和组织群众，进而引导他们走上武装斗争。在许多工厂、学校中应立即建立精干的党支部。（7）要重视北满工作，派人去建立领导关系，立即成立北满党的临时指导机关，北满工委。立即成立东满指挥机关，迅速开辟东满工作。

四、关于在东北建立能作公开号召的总的领导机关和东北各省省政府的电令。当时蒋介石已发表任命熊式辉为东北行营主任，并以国民党政府名义明令划分东北三省为九省，任命九省二市主席、市长，决定委派何柱国、蒋经国及国民党九省主席前往东北。东北尚有十余万伪军和约八万的伪警还未缴枪，上层的伪组织人员多倾向国民党，国民党党部的活动也很活跃。在这种情况下，在我军尚未大批到达东北之时，如果没有能作公开号召的总的领导机关是很不利的。因此刘少奇设想，

113

在东北组织人民自治临时行政委员会与国民党建立的政权对峙抗衡。后来我党在东北与国民党针锋相对地也相继委任了各省市的省主席和市长，在各地加紧建立起民主政权。

上述一系列部署，是刘少奇在注重调查研究，善于分析和掌握时局的发展趋势，从实际情况出发作出正确判断的基础上做出的，从而有力地保证了我党争取东北战略决策的全面迅速实施。

国共两党经过 43 天的谈判，双方代表在 10 月 10 日签署会谈纪录，称为《双十协定》。次日，毛泽东飞返延安。由于过度劳累，不久即患病，从 11 月中旬到第二年的二三月间，几乎完全休养。刘少奇协助毛泽东，肩起重任，运筹帷幄，指挥各方，准备自卫战争。

《双十协定》首先确定了"和平建国的基本方针"，但并没有在中国的土地上带来真正的和平签字的墨迹未干，毛泽东刚返延安，蒋介石马上颁发"剿匪"密令，围绕其抢占平津、控制华北、进占东北的目标，先后动用了一百多万国民党军队和五十多万伪军，继续其军事行动。

《双十协定》签订后，东北问题怎么办？这是需要立刻回答的。中共中央在 10 月 12 日向全党发出的《关于今后我党的任务与方针的指示》中明确指出，"东北问题谈判中未提出，按原计划进行"。

为此，刘少奇日以继夜工作，为中共中央和中央军委起草了难以数计的电文，许多经过毛泽东修改，向各地继续发出努力争取东北的指示和部署。

一、继续催调和要求接护各路部队和干部进入东北。10 月 13 日，指示陈毅、罗荣桓、黎玉、张云逸、饶漱石、赖传珠：除第一期要向冀东出动 6.51 万人、向东北出动 3 万人的部队外，第二期要再向东北出兵 5 万，主要从山东部队中抽

调，新四军去一部分，在 11 月 15 日以前出动完毕。10 月 16 日，针对国民党军已有一部分于 10 月 15 日到营口、锦州两口岸试探登陆的情况，向胶东区党委紧急指示：东北形势十分紧急，如海岸部队已经运完，即由胶东抽调最强最近的部队继续赶运。10 月 17 日，指示林彪及到冀东的部队速开东北。10 月 20 日，指示林彪、萧劲光和东北局注意接护去东北的高岗、洛甫（张闻天）和去冀热辽的李富春等，即令冀东组织兵站线，以接护经冀中、冀东去东北的太行、冀鲁豫大批干部。10 月 23 日，针对苏军撤退承德、平泉一线，国民党军到北平，有可能很快向古北口、承德进攻的情况指示黄永胜、张秀山等；如热河被国民党控制，整个局势将极不利，黄、张及所率的两个团并干部 200 百人即留热河；其余干部速去东北。11 月 2 日，针对国民党军已在秦皇岛登陆向山海关前进，美蒋军于 10 月 30 日在葫芦岛登陆，经抵抗未登上等情况，指示李富春、高岗、洛甫等：东北情况紧急，中央决定集中力量争取东北，到冀东的部队，除黄永胜部外，全部转东北。李富春及所部均到东北。11 月 19 日，指示陈毅、黎玉、罗舜初师急进东北。这样，到 12 月初，就基本实现了中央派 10 万部队、2 万干部进入东北的战略部署。

二、继续在各路组织阻止国民党军北上的战役。主要的一次是 10 月 15 日的指示，它指出目前华北、华中解放区作战的重心应放在铁路线上，要进行交通破袭战，对于经平汉、津浦、正太、平绥等路前进的国民党军给以坚决打击。为了有力破坏各段铁路和消灭国民党军队，各段均须组织强大的野战军，并必须发动广大群众和民兵去进行破坏。由此，从 10 月 18 日起至 12 月中旬，晋察冀、晋绥、晋冀鲁豫和山东我军，都建立起了强大的野战军，先后组织了察绥战役、邯郸战役和津浦路战役，共歼敌 7.2 万余人，沉重打击了国民党军的有生

力量，有力地阻滞了国民党军的北进，推迟了蒋介石建立平津张战略基地和尽快进入东北的计划，掩护了东北我军的战略展开，为我军主力先于国民党军进入东北争取了时间。

三、继续就东北的作战方针和工作部署作出重大指示。
(1) 组织山海关等地的战斗，扼守进出东北的大门。从9月底开始，蒋介石依靠美军在华北和山东抢占登陆港口，加紧向东北运输"精兵"，在华北大量集结。山海关等地是华北通往东北的必经要道，势在必争。当时我党中央也曾力争独占东北的可能性，因而全力采取"守大门"的打法。10月13日，指示聂荣臻、萧克、罗瑞卿、刘澜涛：国民党军空运北平已开始，速令冀东军区派一二个团控制古北口。10月16日，指示彭真、陈云、程子华、伍修权：战胜国民党军登陆是目前的中心一环，其他一切均为此服务，坚决全部消灭在东北登陆及从任何方面进入东北的国民党军，曾克林、万毅、萧华等部迅速集中补整，万毅、吕正操、萧华、李运昌应暂留辽宁指挥作战、整训部队；又指示陈毅、罗荣桓、黎玉：命令到乐亭的杨国夫师星夜兼程向山海关、锦州前进，参加作战，刘其人师如已到达冀东，命令其在杨国夫师后迅速跟进。10月19日，指示东北局：国民党已知中共在东北建立武装，因此急于派军队及党政人员到东北。锦州、营口、沈阳之战应集中主力，次要力量放在庄河、安东一线，坚决拒止国民党军登陆，打击其一切进攻，首先保卫辽宁、安东，然后掌握全东北，放弃过去分散方针。目前东北的部署应全力加强辽宁（主要的）、安东的工作，守住东北大门。10月29日和30日，针对国民党运输舰10艘载兵约两个师，拟在葫芦岛登陆的情况，接连指示林彪、萧劲光，要他们即率晏福生、刘转连、文年生部及杨国夫师星夜兼程到达锦州地区参加战斗，随后又要他们星夜赶去沈阳指挥作战，说冀东的战略地位已不如沈阳重要。11月4日，指示彭

真、林彪：集中力量组织一支万人的野战军；美舰如开炮掩护国民党军登陆，我军可以大炮还击；葫芦岛码头应即破坏，并建立工事，北宁路应准备必要时迅速彻底破坏。11 月 7 日就山海关附近已发生战斗，指示黄克诚：其第三师部队即取捷径向锦州前进，并密切指挥梁兴初部一同进发。11 月 9 日指示，冀热辽军区以萧克为司令，李运昌为副司令，程子华为第一政治委员，罗瑞卿为第二政治委员，目前归东北局指挥，担任锦州、山海关作战的指挥；晋察冀萧（克）罗（瑞卿）野战军改称冀察晋热辽第二野战军，主要保卫热河及坚持冀东、平北斗争。赵尔陆兵团速开古北口，刘其人师坚守古北口，全归肖、罗建制。

经过这样紧张部署，11 月初，山东部队第七师师长杨国夫率一个旅 7 千人，到达山海关，统一指挥山海关部队作战，加上冀热辽的部队共万余人进行扼守。从 11 月 8 日至 16 日，杜聿明指挥国民党第十三军、五十二军 7 万人向山海关猛扑。激战多次，均被我军击退。但终因敌众我寡，无预备队阻击企图包围我军的迂回之敌，我军不得已于 11 月 16 日撤出山海关。继又先后撤出绥中、兴诚、锦西、锦州等地。这场战斗，虽未保住山海关和锦州，但力挫了国民党军不可一世的锐气，使它进入东北的每一步都要付出沉重的代价。

（2）实行"让开大路，占领两厢"，在东北建立巩固的根据地，作持久打算。山海关失守后，控制东北、独占东北已不可能，刘少奇为此给中央起草的和以他名义发出的指示，表现了我党及时对东北的工作方针和作战部署所作出的重大转变。

11 月 20 日，向东北局作撤出东北大城市后的工作布置，主要指出：应迅速在东满、北满、西满建立巩固的基础，加强热河、冀东的工作，在洮南、赤峰建立后方。刘少奇把这一部署概括为八个大字："让开大路，占领两厢。"11 月 28 日，更

117

加详尽地向东北局剖明，近两个月来，我军在东北虽有极大发展，但主力初到，都非常疲劳，不能进行决战；而国民党军已乘虚突入，占领锦州，且将进占沈阳等地。除应力争在东北的一定地位，在长春路沿线及东北各大城市力求插足外，东满、南满、北满、西满的广大乡村及中小城市与次要铁路的控制要作为工作重心，建立根据地，作长期打算。

为了发动广大工农群众，使我在东北站稳脚跟，并确立对国民党的优势，12月3日，指示东北局，除开继续发展与整训部队外，应集中力量发动农民减租，解决土地问题，并组织工人群众，务必指令各地党委和部队在今冬明春切实完成这个任务。在发动减租之前应肃清土匪，有重点地来进行部署。

为了准备同国民党在东北的决战，12月7日，继11月28日指示林彪在北宁路附近，黄克诚、萧华在东满各组织一支野战军之后，又指示东北局要利用冬季整训15万野战军，建立20万地方武装。要求以准备明春大决战为目标来布置一切工作，而勿丧失时机。

为有利于尽快建立西满、包括热东的根据地，统一合编西满一切部队，保卫热河，有计划地肃清土匪，统一筹措经费等，就加强西满的统一领导问题，12月20日，指示林彪、黄克诚、李运昌，迅速执行中央的下列决定：加强西满分局，以李富春为书记兼西满军区政委，以黄克诚为副书记兼副政委，以林彪兼西满军区司令，吕正操、李运昌为副司令。由李、黄、林、吕、李再加张平化组织西满分局常委，其他委员不变。西满分局全权统一指挥和领导哈尔滨、营口以西，哈尔滨、昂昂溪以南及热河东部地区之一切党政军民工作。

为能坚决贯彻在东北建立长期永久的根据地的意图，12月21日，以萧何在汉中为刘邦建立粮食等军需基地的故事，指示东北局抓住时机，在通化、延吉、宁安、东宁、密山、穆

陵、佳木斯、嫩江、黑河、洮南、开鲁等地区，派老干部去开辟工作，建立后方和工业，组织与训练军队，开办学校，以便能源源不断供给前线，东北斗争才能立于不败之地，并早日争取胜利。

这些详尽而具体的指示，对统一和深化东北我军的认识，完善和推进已定的战略决策，起到了重大作用，为建立巩固的东北根据地和后来东北解放战争的胜利发展指明了正确的方向和道路，随着中央指示得到认真贯彻和落实，不仅使我军在东北能进退有据，而且，使东北日渐牢牢地掌握在我军手掌之中。相反，蒋介石再顽固也没有用了。他从拒不承认我军在东北的地位，到背负深重的危机意识，愿意坐下来同我谈东北问题，谈东北的停战问题，态度总算变得现实了些。其实，谈也好，不谈也好，在东北等待蒋介石的，只有最终的败局。

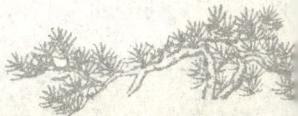

枣林沟中央分工
西柏坡工委协力

1946年6月下旬，蒋介石自恃有了充分准备，狂妄宣称可以在三到六个月内消灭中国共产党的所有军队，以大举围攻中原解放区为起点，悍然发动全国内战。到1947年2月底，仅仅在维持场面的国共谈判也告完全破裂。

人民解放军自1946年7月至1947年2月，8个月歼灭国民党军71万余人，使蒋介石全面进攻解放区的计划破产，改为重点进攻山东解放区和陕甘宁解放区。根据这个方针，蒋介石一方面迫使国共谈判完全破裂，一方面集中34个旅23万人向陕甘宁边区发动进攻。当时西北野战军在陕甘宁边区的部队只有两万多人。为了有效地组织战斗和打击敌人，中共中央于3月19日前分批主动撤离延安。3月下旬在清涧县枣林沟会合后召开会议，决定毛泽东、周恩来、任弼时留在陕北主持中央工作；以刘少奇、朱德、董必武为常委，刘少奇为书记组成中央工作委员会，前往华北进行中央委托的工作。刘少奇、朱德等，旋即东渡黄河进入山西，在山西省境内行军、工作近一个月，4月下旬始抵河北省阜平县晋察冀中央局所在地，随即转至建屏县（今平山县）西柏坡村。中央工委就设在这里。

中央委托的工作主要是三件事：将晋察冀军事问题解决好；将全国土地会议开好；将华北财经办事处建立起来。

一、关于召开全国土地会议。实行土地改革，当时的重要目的，主要是为了发动解放区的广大人民群众起来支援全国的

解放战争。

　　自 1946 年发布"五四指示"后，解放区各地轰轰烈烈展开了实现"耕者有其田"的土地改革。"五四指示"标志着党的土地政策的重大转变，即由抗战时期的减租减息政策改变为没收地主的土地分配给农民的政策。但因当时内战毕竟还没有全面爆发，和平谈判还没有最后破裂，刘少奇在主持起草"五四指示"时，是从这种实际情况出发的。所以"五四指示"还不是一个彻底的土地革命纲领，对中小地主作了相当的照顾，规定富农的土地一般不动，同时也没有规定完全停止减租减息。为把土地改革运动继续深入下去，中共中央曾考虑于"五四指示"发表一周年之际，即 1947 年 5 月 4 日在延安再召开一次为期 20 天到一个月的土地会议，讨论和解决土地改革中的各种问题，并于 1947 年初发出开会通知。但由于形势变化，3 月 19 日，也就是我党中央全部撤出延安的第二天，中共中央致电各地，要求出席土地会议的代表暂在原地等通知，土地会议的地点及日期须看以后情况再定。

　　转移途中，1947 年 4 月下旬，刘少奇在晋绥分局六地委干部会议上，谈了土地改革问题，他指出，解决土地问题要依靠一个一定的组织机构，依靠现有的机构解决不了问题。他要求晋绥六分区党政军及县委等领导机关立即选派干部，组织工作团，在今春到明春搞完土地改革。在工作中要依靠贫雇农小组和农会，实行依靠贫雇农、团结中农的群众路线，放手发扬群众民主，不断提高群众纪律。他说，一切问题应先经过贫雇农小组和农会。农会是中心组织，不要怕农会代替政府、代替党统治了乡村一切。一切权力归农会，是一个时期的必要过渡。在分配土地中，不以家为单位，以人为单位，妇女都有分地权利。我们赞成平均分配，按已有的土地多少补足。刘少奇还根据他沿途调查了解到的情况，致信贺龙、李井泉、张稼夫

等，认为晋绥地区虽然有些地方的农民已分得若干土地，但群众运动非常零碎、不系统，因此土地改革是不彻底的。没有一个系统的、普遍的、彻底的群众运动，是不能普遍彻底解决土地问题的。晋绥分局目前的任务就是要有计划地去组织这样一个群众运动，加以鼓励、促成，并尽可能建立组织性和纪律性，正确领导到底。刘少奇在这封信中所指出的问题，是一切解放区都不同程度存在着的问题，因而它得到了党中央和毛泽东的赞同。毛泽东曾把这封信批转各地。

到了晋察冀后，5月1日，刘少奇在薄一波送给他的一份关于晋冀鲁豫土改的报告上批示，要求必须迅速纠正党的领导机关在最近的土改运动中，常常落后于群众、甚至阻碍群众运动的右倾错误。提出应根据全体农民人口百分之九十以上的群众意见处理地主问题，让群众彻底斗争地主，然后留给生活出路。照顾中小地主及干部家属地主、抗日地主必须出于群众自愿。各级干部如有多占群众斗争果实及其他为群众所反对的行为，应充分发扬民主，让群众批评、揭发及撤换其现任职务。为了使群众能实现其民主权利，应让农民大会暂时统治一切，并通过他们来改造政府和党的组织与领导机关。5月6日，刘少奇和朱德联名致电冀东区党委，内容仍然是彻底解决土地问题，指出以前主张留给地主多于中农一倍、两倍土地的意见是不妥的，中央曾要冀东区对地主采取拉的政策亦过早，冀东土改还未彻底，地主还保留了过多土地财产，富农土地一般未动，无地少地农民的要求未满足。要求冀东区党委学习太行经验，组织群众复查，继续深入反对地主的运动，完全割掉封建尾巴。

这些意见明显表明，关于彻底解决土地的问题，刘少奇已经不止于对下面的检查，而且已对中央过去规定的某些政策作出反省。这就为全国土地会议的举行作了重要的准备。

7月17日，全国土地会议在中央工委所在地开幕。在会议的进行过程中，围绕会议中心彻底进行土地改革问题，刘少奇提出许多重要观点。这些观点中，刘少奇所强调的"彻底解决土地问题"中的"彻底"，一是指政策要彻底，有彻底的政策才能彻底解决土地问题，这就是要割掉一切封建尾巴，彻底消灭封建土地所有制，消灭地主阶级，包括地主在内，人人都有分得一份土地的权利。二是要真正地发动起广大农民群众，让他们当家作主。实行民主，实现民主权利，党和政府不要包办代替，不要有恩赐观点，不可有官僚主义态度，要当好人民的勤务员，真正实行从群众中来、到群众中去和理论联系实际的领导方式。三是要组织队伍，建立起能够彻底实行土地改革的党的组织和群众组织，完全代替那些已经不能适应土地改革需要的旧机构、旧组织、旧人员。四是在组织队伍中间在一定时候必须要强调阶级成分、阶级观点，真正解决地主富农成分在机关和乡村干部中占优势的情况，清除掉有可能发生代表地主富农路线的基础，实行依靠贫雇农团结中农的路线。政府、军队和党都要在土地改革中，即农民运动中接受改造，土改的果实也包括这些政治上、军事上、组织上所取得的成果。刘少奇提出的这些重要观点，从总体上正确指导和推动了解放区土地改革和整党运动以空前规模向前发展。

9月13日，全国土地会议通过了《中国土地法大纲》。它规定，在消灭封建性和半封建性剥削的土地制度、实行耕者有其田的土地制度原则下按人口平均分配，在土地数量上抽多补少，质量上抽肥补瘦。这样，土地法大纲就不但肯定了1946年"五四指示"所提出的"没收地主土地分配给农民"的原则，而且改正了"五四指示"中对某些地主照顾过多的不彻底性。10月10日，中共中央公布实行《中国土地法大纲》。

由此，解放区各地的土地改革运动，以彻底解决广大农民

的土地要求、消灭封建土地制度和从一亿五千万解放区人民中获得战胜蒋介石的伟力为目的，轰轰烈烈、势不可挡地深入发展开去，并取得了历史性的巨大成功。正如刘少奇在全国土地会议作结论时所说："土地改革搞彻底，群众发动好，力量是无穷无尽的。""我们搞他三百个、成千个县，农民都起来革命，蒋介石有什么办法？天王老子也没有办法。解放区搞好了，蒋管区群众也要起来。解决力量对比关系，就要实行土地改革。"

二、关于解决好晋察冀军事问题。根据中央的宏图大略，要在1947年6月开始对国民党军队进行全面大反攻的指示精神，刘少奇与朱德竭尽精力，协助聂荣臻等晋察冀军事领导人，一起参与指导了晋察冀的军事行动，有力地开展了华北战场，发展和巩固了华北解放区，配合了东北的人民解放战争，支持了全国解放战争的进行。

刘少奇一到晋察冀中央局、晋察冀军区所在地阜平，就在1947年4月底的晋察冀中央局干部会上，开门见山提出要求：晋察冀解放区要在一切为着前方军事胜利的方针下，后方要用一切力量彻底完成土地改革，以此为中心结合各种工作，把它搞好，使党更巩固。根据这个巩固，在这个会上，虽然他主要是讲土地改革问题，但很明确地把晋察冀前方的军事问题放在最重要的位置上。

对于晋察冀的军事状况，刘少奇原来也知道。从战争全局来看，晋察冀的我军还没有完全掌握主动。中共中央和毛主席对此十分关心，曾向他们一再作出督促。在中共中央决定组织中央工委到华北去之时，晋察冀中央局也正在安国召开扩大会议，讨论从根本上扭转华北战局，跟上全国解放战争的发展形势，部署连续的军事行动，酝酿正太、青沧、保北三个战役的计划。

刘少奇和朱德风尘仆仆赶到晋察冀中央局和晋察冀军区所在地阜平城南庄之际，晋察冀野战军已于 4 月 8 日旌旗大展，发起了正太战役，并于 5 月 8 日获得胜利结束。

为了将晋察冀的军事问题迅速解决好，在作了一番紧张的调查研究之后，刘少奇和朱德联名，于 5 月底致电中共中央，建议任命杨得志为晋察冀野战军司令员，罗瑞卿为政治委员，杨成武为第二政治委员。6 月初，获中共中央同意。为了具体地指导晋察冀野司和冀中军区的军事工作，朱德和聂荣臻去了冀中。这时刘少奇因长期路途劳顿和紧张的工作，胃病发作，身体情况很不好，准备稍作休养，没有同朱德等一起去冀中。在他准备休养之前，即 6 月 3 日抱病挥毫，致电中共中央，汇报了他所了解到的、党中央和毛泽东所极为关心的晋察冀野战军的工作状况。他指出，野战军还没有很好地形成一个集中统一的集团，带着联合作战的方式。野战军的整个战争机构和制度，都还没有建立起来。现在正在着手改变这种状况。为了首先把野战军组织成一个完全统一的集团，刘少奇建议，在青沧战役打完后，应让野战军好好休整一个月，责成杨得志、罗瑞卿，在朱德、聂荣臻的帮助下，完成一切必要的改组工作。

6 月 12 日，晋察冀野战部队如期发起青沧战役。到 15 日止，先后攻克沧县、青县、永清三县城，拿下了铁路沿线的兴济、唐官屯、陈官屯、马厂屯等车站和据点，使冀中区与山东渤海区连成一片。根据当时战机，杨得志、罗瑞卿即于完成青沧战役的当天，致电中央和朱德、刘少奇、聂荣臻等，建议部队稍稍休息三五天，即应乘势继续向平津段出击，并力争在大清河北歼灭由平汉来援之敌。如援敌打不成，就西向攻容城，截断平保段，争取在秋季前完成战役。这一合理建议，很快得到中央军委许可。随后，晋察冀野战军根据实际情况的发展，于 9 月 25 日至 28 日，进行了保北战役，打得很顺利。

所以，刘少奇关于在青沧战役后让晋察冀部队用一个月时间进行整编的工作计划，实际日程就往后推移了一点。经过整编，成立了新的野战军领导机关，杨得志任野战军司令员，罗瑞卿任第一政治委员，杨成武任第二政治委员。这次整编，为更好协同作战，迎接新的胜利，作了组织准备。

正太、清沧、保北战役的三战三捷，说明华北我军已开始扭转战局，转入主动进攻阶段。7月3日，中央军委致电朱德、刘少奇、聂荣臻，并要求将电文即转杨得志、罗瑞卿，就打通华北与东北的军事部署作出指示。朱德、刘少奇、聂荣臻等，相继坚决地执行了中央军委的这一重要指示，加紧了对晋察冀野战军的督促指导。7月11日，朱德在给毛泽东的电文中汇报说，"此间军事工作，经少奇同志两月指导，方向是拨正了，督促进行尚非易事"。

晋察冀是老根据地，区域广，人口多，基础厚，与东北紧邻，对支持我军争取东北的任务责无旁贷，并且有举足轻重的地位。晋察冀的军事斗争搞好了，晋察冀地区的巩固和发展，即华北地区的根本改观，其本身就是对东北我军的极大支持。8月30日，朱德和刘少奇联名致电杨得志、罗瑞卿、杨成武，指示他们坚定执行以下作战方针：应寻求运动中消灭敌人，要坚决采取和长期灵活用突然袭击或打埋伏的办法大量消灭敌人。为此要巧于机动处置，行军宿营都要紧缩、灵敏，并善于利用群众掩护和地形熟悉条件。攻击坚固地堡，一定要待技术训练与材料准备妥当后进行。在朱德和刘少奇的具体督促和指导下，晋察冀野战军的军事领导更坚决、自觉并成功地运用起大踏步进退、在运动中捕捉战机，以歼灭敌人有生力量为主的作战原则。野司所属二、三、四纵队，经整顿后也"内部团结，朝气十足"。仗愈打愈精明，人愈打愈勇，士气高涨，屡打不疲，每战必胜。

华北敌军为确保平、津、保三角地区，调集四个师及两个保安总队的兵力，向我大清河北汹涌进犯，晋察冀野战军即于9月2日至12日在大清河北的霸县、雄县地区设下战场迎战，歼敌五千余人。10月上旬，蒋介石为了挽救他在东北的危机，急急飞抵沈阳，商讨对策，并于10月中旬从华北抽调四个师进入兴城、锦州地区，以保持北宁路交通，解除我军对北宁路走廊的压力。晋察冀野战军于是决心乘敌人兵力空虚之机，集中主力围攻徐水，吸引敌人兵力来援，聚以歼之。后因援敌多路齐头并进，没有能将敌分割包围，形成对峙。随后根据敌情变化，改变战役决策，以一部兵力在保北牵制敌人，主力兼程强行南下。10月21日，如神兵天降，出其不意，将敌合围在清风店地区。22日全歼了蒋介石的嫡系第三军主力，俘虏了军长罗历戎、副军长杨广钰等，连同在保北地区阻击战的战果，歼敌总数达二万一千多人。这一次战役，"开创了晋察冀部队打歼灭战的好例"，首开了晋察冀区转入战略进攻后的重大胜利。

晋察冀野战军在清风店地区的出色用兵和歼灭战的重大胜利，使石家庄的敌人震惊、丧胆。我军乘胜夺取石家庄，已是瓜熟蒂落，势所必然。10月22日，晋察冀军区司令员兼政治委员聂荣臻，和三个副政治委员刘澜涛、黄敬、罗瑞卿一起联名致电中央军委和朱德、刘少奇，请求同意乘胜攻打石家庄，朱德和刘少奇即于次日，一方面复电聂荣臻等表示同意，要他们预为准备各种补充，待中央军委批准后全力进行这一战役；一方面也致电中央军委陈述聂荣臻等建议的合理性。朱德和刘少奇认为，即使这一仗打不下石家庄，也可能因之引起北平、保定的李文、袁朴部（李文当时任国民党第三十四集团军总司令，袁朴是李文所部第十六军军长）的南援，而有利于我军在石、保之间寻求大规模的运动战，大量歼灭敌人。在得到中央

127

军委的批准后，晋察冀野司按照石家庄战役部署，于 11 月 1 日命令第二纵队主力于 6 日进至河北定县以南、新乐以东、沙河北岸地区，准备阻击保定南下的援石敌军。结果受到威慑的保定敌军龟缩，没有敢出巢。11 月 6 日至 12 日，晋察冀野战军以四倍于敌人兵力的充足准备，压向孤立无援的敌军，一举再拔华北军事重镇石家庄，全歼守敌 2.4 万余人，为中国人民解放军进行阵地攻坚战和夺取大城市创造了范例。石家庄的解放，使晋冀鲁豫和晋察冀解放区完全连成一片，局面为之一新。平津地区敌人则因之失去重要一翼，成了飞不起来的折翅之鸟。

攻克了石家庄，中央的、各地区的贺电纷纷而来，热情洋溢，评价很高。然而刘少奇还未等沉浸在胜利的欢乐之中的广大指战员松一口气，即按中央军委既定的方针部署，向晋察冀野战军发出了新的命令。11 月 15 日，他电示杨得志、罗瑞卿、杨成武说：东北主力一部即将在锦州附近开战，以后再进入冀东及平绥作战，晋察冀野战军应作密切配合。要求他们马不停蹄，在使石家庄恢复一定的秩序后，即将一切善后任务交给黄敬等负责，部队应迅速作休整和补充，准备下一场更为巨大的战役。东北我军为了不给敌人以喘息之机，大量歼灭敌人有生力量，为夺取整个东北创造条件，决定首先在北宁路沈锦段展开攻势，迫沈阳、锦州的国民党军出来增援。以利歼灭沈锦段上所有城市的守敌和大量援军。所以刘少奇指示晋察冀我军与之配合作战，完全是服从于全局作战的决胜之策。对于这样一些重要的配合和支持，罗荣桓后来曾有高度评价，大意说支援东北，华北出了大力，一是调出很多部队到东北参战；二是拖住了华北的敌人，不使出关。没有华北这样的支援，东北不可能取得那样大胜利。

军事方面的极大胜利和土地改革的深入开展，使晋察冀地

区的面貌大变。全军团结加强，士气大振。12月中旬，刘少奇以十分满意的心情，起草了一份电文，以中央工委的名义向中共中央汇报了晋察冀地区的工作情况。电文指出，晋察冀领导机构的威信已大增。正气上升，邪气下降，一切无原则的纠纷都停止了。党内空前团结，干部信心大大提高，群众情绪也开始活跃。只要以后不发生别的错误，彻底完成土地改革，晋察冀地区的工作可以走上正轨并加以巩固。也在12月中旬，陈毅在他的一首《吟反攻形势》的诗中，集中地描述了全国各战场我军大反攻的形势，写道"江汉飞传刘（伯承）邓（小平）捷，中原重见李（先念）郑（位三）回。陈（赓）谢（富治）挥戈下宛洛，聂（荣臻）杨（得志）立马薄燕台。关陕伐狐张天网，辽吉猎虎布火雷。谭（震林）许（世友）胶河收一战，苏鲁前线逼两淮。"其中"聂杨立马薄燕台"之句，形象生动地表现了当时华北我军的战斗雄威。蒋介石在全国各战场的日子越来越不好过了！

五书记聚议大计
华北局筹划立国

　　1948 年建立的华北局，是在刘少奇的建议、筹划和直接指导下进行的。华北局的建立不仅对华北地区在全国解放战争中的统一支前、发展生产、繁荣经济等起到积极作用，而且对在华北地区实行人民代表会议制度、召开临时人民代表大会、成立华北人民政府、实现党的施政方针产生了巨大影向，从而为中共中央依托华北地区吸取管理全国的经验创造了重要条件。

　　在全国土地会议和晋察冀的军事问题基本解决后，刘少奇便把很大的精力放到中共中央委托中央工委所要做的第三件事上来，即在华北建立财经办事处及其所要开展的工作问题。这项工作主要由董必武抓。这也原是在 1947 年 3 月至 5 日召开的华北财经会议期间，中共中央根据华北各解放区代表的要求，决定下来的事，以负责统一华北各解放区的财经工作，董必武被任命为主任，华北各解放区则各推荐一人为副主任。财经工作的重要关键是搞好生产和贸易，这完全是根据当时各根据地处于被敌人分割和封锁的情况，既需各区各自管理自己的经济工作，有利发展生产，又需协调各区之间的经济贸易等等关系，避免各种矛盾和纠纷，同时扩大对外贸易，加强经济战线上的对敌斗争而实行的办法。1947 年 11 月，华北财经办事处建立并开展工作。随着形势发展变化，进而建立华北局。

　　就在 1947 年 11 月，华北地区的军事重镇石家庄得到解

放。这使晋察冀和晋冀鲁豫两大解放区完全连成一片。这同1947 年 3、5 月间的情况已经大不相同，是不是还应局限于原来的想法和计划？刘少奇高屋建瓴，从宏观上考虑问题，认为，为了有利于统一财政、统一发行货币等经济工作，有利于交流经验、节约财政、精简机构，也有利于抽出大批干部南调、支援解放战争全面展开，应该考虑把晋察冀和晋冀鲁豫两个中央局合并起来，先从这方面着手。他觉得，这两个区的划分，因受敌人的分割，适应当时的情况，便于对敌斗争，在过去是对的。那时候敌人为了分区进行军事扫荡，曾经沿着铁路、公路、河流等要道，建立起严密的封锁线和碉堡据点，把我军各战略区进行封锁包围，甚至把一个战略区分割隔离成几个区。于是各战略区或分区都只能自力更生，各自为政，采取各种方法求得自给自足。这在当时起了积极作用。但是在这种基础上也很容易产生宗派主义、本位主义和山头主义的思想作风。所以在两区已经打通，而且敌人再不能分割这两区的时候，还这样划分就极不合理，没有好处。他设想两区合并，把两个中央局重新合并，成立华北中央局，管辖冀中、北岳、太行、太岳、冀鲁豫、冀南等六个区党委，将来或者再把渤海区合并进来（刘少奇设想这样华北解放区也就有了海口），共辖七个区党委。此外两个军区司令部、政治部、财经办事处、银行贸易机关、后勤机关、党校、大学、报纸等，也都合并起来。两个边区政府可先合并办公，待召集两区统一的人民代表大会后再宣布合并。在石家庄附近设立指挥中心。因而，刘少奇就在 1948 年 2 月 12 日，在中央工委召开的财经座谈会上提出了这个酝酿成熟了的腹案。2 月 16 日，他致电彭真、聂荣臻、薄一波并向中共中央正式提出建议。

这个建议得到了中共中央的赞成。毛泽东于 2 月 20 日致电刘少奇，要中央工委于 3 月初即召集晋察冀中央局、晋冀鲁

豫中央局和华东中央局的领导人彭真、聂荣臻、薄一波、陈毅、邓子恢、康生、饶漱石等，到中央工委所在地开会，讨论"两区合并的提议及支援整个南线北线的财政、经济、军事干部，成立华北局机构，成立大党校，大军校，大党报诸问题"。

3月上旬，中央工委会议如期召开。这是一次非常重要的会议，进行了充分的讨论，会议上刘少奇要求先进行原则性讨论，充分讨论两区合并的利弊，并提出具体问题，然后再分组讨论，集中后作出最后结论，向中央报告。经过讨论，与会的各区领导人都统一了思想。朱德、董必武、聂荣臻、陈毅等都认为，晋察冀和晋冀鲁豫从历史上、地理上本身是一块的，现在已到必须合并的时候，不然矛盾百出。而且这两区的合并将成为统一全国的开始，对于支前，繁荣经济，发展生产都是很有利的，好处很多。大家一致同意两区的中央局重新合并，成立华北中央局。刘少奇强调指出，华北局的成立不是临时的。等北平、天津、济南等地解放后，我们就要成立中央政府，就要在各方面求得完全统一。中央应在这些太平区域内吸取管理国家的经验，以便将来如何管理全国。因此也就必须把党政军财等权交给华北局，充分发挥它的积极性。两区的合并必须一切统一，从上到下，一直统一到村，要为将来中央的全部统一打下基础。

中央工委关于成立华北中央局的意见上报后，1948年3月6日、7日仍然在陕北的中共中央两次回示（毛泽东起草），认为合并两个中央局成立华北局有利无害，时机成熟，拖下去无必要。提出即以中央工委为中心合并两个中央局成立华北局，以刘少奇兼任华北局第一书记，薄一波为第二书记，聂荣臻为第三书记。并说，两区的军政两项机构，待党务及财政在统一后有了头绪，和待开全区人民代表大会选出华北人民民主政府之后再合并。但现在即须将财经逐步集中于华北财经办事

处。华北财经办实际上管两区财经，同时在政策方面领导华东、西北两区的财经。还要求说：华北局成立后大党报应如延安《解放日报》那样同时代表中央和华北局的报纸，由中央负责；大党校、大军校也是同时负担为华北又为全国训练干部的责任。

刘少奇主持中央工委对中共中央的意见讨论后，为中央工委起草了回电，认为合并两区党委、财政经机构而不合并两区军政机构"势不可能"，说：因主要机构都须迁到石家庄附近才便利工作，如不合并，工作人员就会不安心，现因合并消息传出，已经人心动荡。建议两个军区司令部、政治部也一道合并，暂由朱德主持，两区政府也合并办公，但仍然各自保持独立领导，指定党团负责人，由董必武主持。因目前政府工作主要是财经工作，此外还有教育工作和筹备人民选举等工作，不合并倒不好办事。关于华北金融贸易问题，拟以冀南银行为基础，合并晋察冀银行、成立华北银行，发行华北银行新钞统一西北货币；第二步即以华北银行新钞统一西北货币，规定华北银行新钞与农民银行货币固定比值；第三步即以华北银行统一渤海与山东的货币，以使天津、胶东、渤海等海口与华北、西北内地联系，统一组织对外贸易，货畅其流。否则无法与国民党作经济斗争，而自己内部的经济斗争则无穷无尽。这一党政军财一律统一的方针，立即得到中央的批准，在3月上旬就定了下来。刘少奇从毛泽东给他的信中获悉中共中央准备在3月中下旬启程东移，大约在4月中旬与中央工委会合的计划。

3月20日，中共中央在党内发出毛泽东起草的《关于情况的通知》中说："目前我们正将晋察冀区、晋冀鲁豫区和山东的渤海区统一在一个党委（华北局）、一个政府、一个军事机构的指挥之下（渤海区也许迟一点合并），这三区包括陇海路以北、津浦路和渤海以西、同浦路以东、平绥路以南的广大

地区。这三区业已连成一片，共有人口 5000 万，大约短期内即可完成合并任务。这样做，可以有力地支援南线作战，可以抽出许多干部输往解放区。该区的领导中心设在石家庄。中央亦准备移至华北，同中央工作委员会合并。"随着晋察冀和晋冀鲁豫两区的合并问题提上日程，华北财经办事处行将完成使命。它于 1948 年 4 月间撤销。

4 月底至 5 月上旬，在晋察冀中央局和军区的驻地阜平县城南庄举行中共中央书记处会议，毛泽东、刘少奇、朱德、周恩来、任弼时五位书记齐集，并有中原、晋冀鲁豫、晋察冀三大战略区负责人陈毅、粟裕、李先念、聂荣臻、薄一波等参加，研究如何发展战略进攻，如何在已连成一片的华北、中原解放区建立统一的中央局、政府和军区。会后中共中央和中央军委正式发出通知，其中决定将晋察冀和晋冀鲁豫两个解放区及领导机构合并，组成华北解放区，成立华北局、华北联合行政委员会（到 8 月便改称华北人民政府）和华北军区。以刘少奇兼任华北局第一书记，薄一波任第二书记，聂荣臻任第三书记；董必武任行政委员会主席；聂荣臻任军区司令员、薄一波任政治委员、徐向前任第一副司令。并宣布中共中央与中央工委会合并，中央工委即行撤销。

从此，刘少奇一方面尽力协助毛泽东指挥全国解放战争，一方面把大部分精力放在迎接全国胜利的各种必要建设上。刘少奇认为当时的形势是准备和争取全国胜利的形势。准备不应只在口头上、思想上、精神上来准备，而且要在组织上、政策上、干部上、机构上、具体办法上来准备。因而他强调，华北两区合并后的方针应该是建设，即是党的、政府的、军队的、人民团体的建设，为着支援战争、争取全国胜利的战争时期的建设。战争、生产、土改、整党、建政、统一全中国、管理全中国、供给全党干部，要靠华北；整党、土改、建政、人民法

庭、人民代表会等等一套办法和经验，也都要靠华北。他在5月中旬参加华北局第一次扩大会议时明确地指出，过去的情况是从陕北出发、落脚华北，今天是从华北出发、走向全国。中央的工作主要是华北局工作，所以彭真等都到华北局工作，中央留人很少。华北工作具有全国性意义，要逐步走向正规化，建设各种制度，将来要为全国所效法。他要求大家有全国眼光，要实干，务须团结一致，强调集中统一，反对分散主义、无政府状态。

在这次扩大会议上，刘少奇交代说，他恐怕不能呆在华北局，华北局的工作主要要靠董必武、彭真、薄一波、聂荣臻去做事。事实上刘少奇并没有放松过他在华北局的工作。正如他所说，中央的许多事是要依托华北局来办的。正是在他的直接领导下，使得中央的意图能在华北局的工作中得到迅速的准确的贯彻和实行。

他开始着眼于建立法治。5月下旬，他邀请谢觉哉、陈瑾昆等到西柏坡，对他们说，华北联合政府即将成立，要谢当司法部长，陈当法院院长，并解释说，华北大部分地区已大定，可以建立正规法治了。现在急需稳定社会秩序，保障人民财产，使人民乐于建设。干部来源可靠短期训练班，调些人训练几个月回去工作。

他主张在华北的土改完成地区应向农民发放土地证，以促进农民全力进行生产；在一切基本地区，建立人民代表会议制度，制订土地税则，稳定发展生产所必需的各种秩序。在他的精心指导下，华北局具体地制订了执行中共中央关于1948年土改和整党工作指示的计划。6月上旬，他为中共中央起草了把华北局的这一执行计划转发各地的指示。"指示"说：华北局准备公开发表决定，宣布华北土改业已完成的大部分地区结束土改，发给土地证，而以全力进入生产。在土地还需加以抽

补调剂的地区，则宣布在土地实行必要的调剂后，发给土地证，进入生产。在一切基本地区，建立人民代表会议，制订经常的相当固定的土地税则，稳定发展生产所必需的各种秩序。在接敌区及游击区，因大部分都是以前的解放区并实行过土改，只宣布以军事斗争为主要任务，不进行土改。"指示"要求，除中原地区大部分为新区应当在基本上执行减租减息和合理负担政策外，其他各解放区和许多地区也有与华北相同的情况，应参照华北办法，根据各区情况，决定各区执行中央指示的具体计划，并公开宣布以安定人心。这期间，刘少奇还特别嘱咐薄一波，由薄或由薄找一位同志系统地研读列宁关于新经济政策的有关论述，以借鉴苏联的革命经验，为当时制定土地政策、农业政策和将来全国解放后制定全面的经济政策，提供参考材料和政策思想。

他具体地指导了华北临时人民代表大会的召开，村县市政权组织条例、选举条例和惩治反革命条例等条例的制订。在他的督促下，薄一波等主持起草了《华北人民政府组织大纲（草案）》、《华北解放区农业税暂行税则（草案）》和薄一波的《中共华北局关于华北解放区施政方针的讲话》等文件，谢觉哉等主持起草了《惩治反革命条例草案》，并向中共中央和刘少奇送审。刘少奇在8月3日把薄送审的文件退给薄时写信说，中央对这些文件的意见已批在文件上面，请斟酌修改后提交即将召开的华北人民代表大会讨论通过。8月5日，刘少奇也在把《惩治反革命条例草案》退给谢觉哉时致信，要谢觉哉和其他原起草同志根据中央书记处各同志意见，加以斟酌和修改后，提出一个草案交华北局和华北政府。

这样，华北临时人民代表大会即于8月7日在石家庄召开，历时13天。大会决定华北联合行政委员会改为华北人民政府。通过民主选举，董必武、聂荣臻、薄一波、徐向前、滕

代远、黄敬、谢觉哉、蓝公武、杨秀峰等27人当选为政府委员。9万26日，召开了华北人民政府成立大会，董必武就任主席，薄一波、蓝公武、杨秀峰分别任第一、第二、第三副主席。正如董必武8月7日在华北临时人民代表大会开幕词中所说，华北临时人民代表大会虽然"是一个临时性的，也是一个华北地区的，但是它将成为全国人民代表大会的前奏和雏形"。因此，华北人民政府的建立，也就是快要诞生的新中国的中央人民政府的前奏和雏形。

胜利在望移重心
管理城市学经济

"得道者多助，失道者寡助。"蒋介石人心丧尽，兵败如山倒。1948年中共的九月政治局会议，毛泽东提出以五年左右的时间（从1946年7月算起）从根本上打倒国民党反动统治的战略目标。实际上蒋介石败得比预定目标还要快。

在中国人民的革命胜利基本已成定局的情况下，刘少奇的精力很大一部分集中到了接收城市的工作和在全国胜利后怎样来建设新民主主义经济的问题上来。他在1948年12月下旬，先后于军工会议和华北财经委员会上的讲话中中肯指出，我们在行军、山上是老资格，但是管理大工厂、大企业等，人家是老资格。要做学生，要学习。不怕不懂经济工作，可怕的是不懂得自己不懂经济工作。他主张，在新民主主义过渡到社会主义的阶段中，同资产阶级的斗争，最好采取不流血的、逐渐削弱它的手段。他认为，按中国资产阶级的软弱及世界社会主义的包围，和平地消灭资产阶级是可能的。应允许他们在一定程度内赚一些钱，这就是无产阶级拿出一部分胜利品来购买资产阶级。要防止右倾机会主义思想，但过早地采取消灭资本主义的办法要犯"左"倾错误。刘少奇特别提醒说，由农业社会主义的办法来消灭资产阶级，这叫做自杀政策。他阐明国家资本主义是可以利用的。什么是国家资本主义？就是要在无产阶级领导的国家的适当条件下监督资本家，使资本家为国家服务的制度。商业上，以至对外国人在中国开的矿山、银行、工厂，

都可考虑利用国家资本主义的办法，通过颁布法律使之接受监督。

刘少奇还讲了合作社问题，指出没有合作社，无产阶级就不能在经济上领导农民，不能实现无产阶级与农民的联合，这在新经济建设中是一个带决定性的问题。他说，在新民主主义制度下，合作社有三大历史作用，是消灭投机商业、保障新民主主义经济胜利前进的最重要的工具；是经济上进行和平竞争、证明新民主主义制度优于旧资本主义制度的最重要的工具；是组织小生产以提高生产力、将来改造小生产成为大生产的最重要工具。

在 1949 年 2 月上旬，在对华北的党的工作任务的一次讲话中，刘少奇对新中国经济建设的方针问题作了比较深刻的阐述，说明他在这个问题上作了较早的研究。他说，蒋介石还没有打倒，这个问题的提出是否过早？他认为，在东北已完全打倒国民党，在华北也已根本上打倒了国民党，只要再打过长江，不论南京、上海占领与否，就总算是根本上打倒了国民党，因此提出这个问题有必要。现在如何来建国，建一个什么样子的国，要讨论了，应在党内提出。问题的复杂性就在这里，一方面敌人还没有完全打倒，另一方面又要提出经济建设作为党的总任务，华北党的两大任务，就是军事与经济问题，不是宣传问题，而是摆在我们面前的议事日程上的问题。所以问题的提出不是过迟的，也不算过早。

刘少奇说，关于新中国经济的性质，因中国革命是无产阶级领导的民主革命，是新民主主义性质的，经济也是新民主主义性质的。革命胜利了，资本主义是要发展的。但不能不加以限制，不限制便可怕，要在看益于国计民生的大限制内，我们力求发展的方向是过渡到社会主义前途。在胜利后中国社会的主要矛盾是资产阶级与无产阶级的矛盾，主要的阶级斗争是资

产阶级与无产阶级的斗争，一方面是无产阶级为社会主义的前途与目的而斗争；另一方面是资产阶级为了资本主义的前途与目的而斗争，这是一个长期的斗争。有益于国计民生的资本主义允许其发展，是一个斗争的口号。我们与资产阶级有两条路线的斗争，斗争的结果决定新中国的性质。新民主主义不是新资本主义，说它是社会主义也不妥当，但资本主义成分与社会主义成分都有，这是一种特殊的历史状态，其特点是过渡时期的经济，可以过渡到资本主义，也可以过渡到社会主义，是一个未解决的问题。这个过渡时期不能太长，我们希望和平过渡为好，争取十年到十五年的时间。在这个过渡时期中我们不要搞急了，过早地消灭资产阶级困难很多，消灭了还要把它请来的，列宁搞新经济政策就是这样。

刘少奇在讲话中还强调指出，商品生产愈多商业便愈重要，要抛弃中国历史上"重农轻商"的传统观点，农业、工业、商业三者是有机体的配合，缺一不可，我们要与资本家作竞争，谁领导了市场谁就领导了国民经济，所以必须学会做生意，不能用行政命令而必须用商业方法战胜资本家。商业组织得好，可以刺激生产。刘少奇也据当时情况谈到了经济计划问题。认为战争未完，又照顾战争，又照顾经济，各地区的情况又不明，许多材料没有统计等，作计划是有困难的。我们的口号是恢复经济，即恢复生产力，现在还谈不到发展与提高，而是在现有基础上提高一寸，恢复一步。首先恢复什么，今天更重要的是恢复工业。为了要恢复工业特别是大工业，必须首先恢复农业，这是计划的出发点，要从着眼工业生产来计划农业生产，农业与轻工业是我们的重点。重工业我们基本上还没有，打下太原后如果有办法恢复，而费力不大的，尽可能恢复，至于鞍山本溪等地现在还没有办法。历史上的国家，要从轻工业方面积累资本之后，才能建设重工业，重工业有的可以

搞出来，没有的可以不搞。

经过辽沈、淮海、平津三大战役以后，国民党军队的主力已被消灭，它的作战部队仅仅剩下100多万人，分布在从新疆到台湾的广大地区内和漫长战线上，全部国民党反动统治机构即将土崩瓦解，归于消灭。在这中国人民解放战争即将取得全国胜利的时候，为了解决党所面临的一系列新的重大问题，中国共产党于1949年3月5日至13日，在河北省平山县西柏坡村举行了七届二中全会。毛泽东主持会议，并向全会作了报告，刘少奇、周恩来、朱德等也作了重要讲话。全会指出，"从现在起，开始了由城市到乡村并由城市领导乡村的时期。党的工作重心由乡村移到了城市"。为了实现党的工作重心的转变，党"必须用极大的努力去学会管理城市和建设城市，必须学会在城市中和帝国主义者、国民党、资产阶级作政治斗争、经济斗争、文化斗争和外交斗争。既要学会和他们作公开的斗争，又要学会和他们作隐蔽的斗争"。管理和建设城市的中心是"恢复和发展城市中的生产事业"，"如果我们在生产工作上无知，不能很快地学会生产工作，不能使生产事业尽可能迅速地恢复和发展，获得确实的成绩，首先使工人生活有所改善，并使一般人民的生活有所改善，那就必然地会使我们不能维持政权，我们就会站不住脚，我们就会要失败"。

全会基于全国工业只占10％左右而其最大量、最主要的资本还是集中在帝国主义者及其走狗的中国官僚资产阶级手里的情况，基于农业和手工业占90％左右而且是分散的、个体的和落后的情况，确定采取的经济政策是：第一，没收官僚资本归无产阶级领导的人民共和国所有，使这部分经济成为社会主义性质的经济，成为整个国民经济的领导成分。第二，对于农业和手工业经济，在一个相当长的时期内，还不能改变它分散的个体的性质，并必须谨慎地、逐步地而又积极地引导他们

向着现代化和集体化的方向发展，其办法是组织各种类型的合作社。第三，对占我国现代工业经济第二位的私人资本主义经济，采取利用和限制政策。

我们从全会所申诉的这些重要观点来看，刘少奇在之前所作的种种讲话，它们的精神完全是一致的。刘少奇在全会上的讲话中强调，一定要以城市工作重心来领导全党的工作。

随着天津、北京等大城市的相继解放，民族资产阶级中有些人不了解中国共产党的政策，惶惶不可终日，纷纷向海外逃跑，许多工厂陷于停工半停工状态，工人大量失业。许多干部怕立场不稳，不敢同资本家打交道，少数干部甚至用类似在乡村中对待地主、富农的办法来对待民族资产阶级。有些工厂的工人提出一些过高要求，资本家出于无奈，有求必应，只好准备关厂。在这种情况下，刘少奇自3月下旬随中共中央进入北平后，即受中央委托，于4、5月去天津指导工作，召开各种座谈会、报告会，阐述党对城市管理的基本政策，被称为"天津讲话"。刘少奇极力解除民族资本家的各种顾虑，鼓励他们大胆开办工厂，积极从事经济建设。他在天津市委会上强调指出，同资产阶级有斗争，但重点在团结。如当作斗争对象就犯了路线错误，必须确切执行公私兼顾、劳资两利政策，这是战略任务中很重要的组成部分。他把无产阶级与资产阶级的矛盾问题放在历史条件下作具体分析。认为国外矛盾即与帝国主义的矛盾现在还是主要的，应引导人民注意国外矛盾，不要太强调无产阶级与资产阶级的矛盾。太强调了，帝国主义就会插进来，把中国的民族资产阶级变成帝国主义的后备军。如除开国外矛盾，单就国内矛盾来说，无产阶级与资产阶级之间的矛盾的确是基本的矛盾，但现在尚不能互相脱离，可以拖十来年，到无产阶级不需要资产阶级也能活下去的时候，就可搞社会主义。这是刘少奇在做党内工作。

他在天津市职工代表大会和华北职工大会上又做工人的工作。他指出，共产党只有依靠工人阶级才能实现自己的理想，这是一方面；另一方面，如果工人阶级只依靠自己，不找朋友，不找同盟军，就不能战胜敌人，使革命胜利。中国工人阶级要革命，要解放自己，就要组织农民，还有小资产阶级，民族资产阶级，四个阶级一起联合起来，工人阶级应是这个广大的革命队伍的指挥官。为实现领导阶级的责任，工人阶级更要努力学习，提高自己，懂得这些道理。

当时的经济形势也非常严峻，人民政府的财政很困难。原因除了我们从蒋介石手里接收过来的都是烂摊子外，解放战争还在进行。天津战役单是迫击炮弹就打了不少，一颗炮弹相当于一个中农一年生产的总收入。解放大军刚过长江，有210多万兵力在前线作战。这些负担主要地落在了农民身上，有的负担占到他们总收入的20％、30％，他们又出公粮、又当兵、又当民夫、又支援前线优抗代耕等。处在这样的情况下，城市经济的恢复和发展刻不容缓。不仅如此，当时天津的工人有数十万，如不很好组织生产、维持工人就业，就会影响到天津百多万人口的生活，这是一个严重问题。所以刘少奇向工人们提出，工人阶级一定要解放，但也要有步骤地实现彻底解放。

天津讲话没有否认对资产阶级作必要斗争。刘少奇说得很清楚，对他们有联合有斗争，因为他们容易把私人利益摆在前头，而我们是把国计民生放在前头，"如无斗争就会变成投降主义"。他指出，我们主张对私人资本有限制，我们的政策是走新民主主义，不是走旧的资本主义，采取限制政策就是为了避免资本主义前途。他阐明，公私兼顾就是一种限制政策，没有限制，哪能兼顾？劳资两利也是一个限制政策，只利资方那才是没有限制。工业品太贵，农产品太贱，应该互相照顾合作，这种城乡关系的调整也是限制。还有税收上的限制等。总

之，资本主义的发展要有利于国计民生，这是最根本的限制。

从天津视察回到北京，刘少奇以他的调查研究，确确实实地感觉到党内实际上存在着"立即消灭资产阶级"的"左"的倾向，他明白这也不是一个地方的倾向。5月19日，他在对北平干部的讲话中，以天津的考察讲了城市的管理问题、工作方式和组织方式，不外说城市工作很复杂，组织要调整，干部要注意配备，领导方法要重新考虑，城市工作中要彻底转变农村的工作方式等。但是讲得最有分量的地方恐怕是他对"立即消灭资产阶级"的"左"倾思想的批评。他说这不是无产阶级的路线，是小资产阶级的平均主义，农业社会主义的倾向，是错误的，反动的。5月31日，刘少奇还因此起草了一个中共中央关于民族资本家政策问题给东北局的指示电。电文举出他在天津考察所发现的这方面的"左"倾情况后指出，据说在东北城市工作中也有这种倾向，要求东北局立即对"立即消灭资产阶级"的倾向、实际工作中的"左"倾冒险主义错误路线加以检讨并纠正。同日，中共中央又把这一指示批转各地，要求"据以检查自己的工作，认真克服对待民族资产阶级的'左'倾机会主义错误。如果不克服此种错误，就是犯了路线错误"。这一批转电文为毛泽东所起草，说明毛泽东和刘少奇在这一问题上的认识是共同的。

但是这一重要问题，毕竟只是新民主主义建设的一个方面，一个伟大的思想家，必须画出它的全部蓝图。6月间，刘少奇写下了一份党内的报告提纲，《关于新中国的经济建设方针》。他指出，在推翻帝国主义及国民党统治后，新中国的国民经济主要是由五种经济成分构成：国有经济，合作社经济，国家资本主义经济，私人资本主义经济，小商品经济和半自然经济。由这种经济成分构成的新民主主义经济的内部，存在着社会主义的因素和趋势，同资本主义的因素和趋势之间的斗

争，这就是无产阶级和资产阶级的斗争，新中国内部的基本矛盾。他基于对这五种经济成分的分析，认为在医治战争创伤、恢复被破坏被隔离的经济生活的一个时期内，除开那些投机操纵的经营及有害于新民主主义的国计民生的经营外，一般都应加以鼓励，使其发展。在可能的条件下，逐步地增加国民经济中的社会主义成分，加强国民经济的计划性，以便逐步地稳当地过渡到社会主义。刘少奇认为，新民主主义经济是一种过渡性质的经济，这种过渡所需要的时间，将比东欧、中欧各民主国家长得多。

1949 年 9 月 21 日至 30 日，标志新民主主义革命在全国胜利的中国人民政治协商会议第一届全体会议在北平举行。21日，刘少奇代表中国共产党作《加强全国人民的革命大团结》的讲话。他说，中国共产党要拥护人民政治协商会议并为实现它的共同纲领而奋斗，是因为这个共同纲领包括了共产党的全部最低纲领。共产党的当前政策，就是要全部实现自己的最低纲领。有些代表提议把中国社会主义的前途写进共同纲领中去，但是我们认为还是不妥当的。因为要在中国采取相当严重的社会主义的步骤，还是相当长的将来的事情，如在共同纲领上写上这一个目标，很容易混淆我们在今天所要采取的实际步骤。在中国采取社会主义的步骤，必须根据中国社会经济发展的实际需要和全国最大多数人民的要求。

马克思和恩格斯在他们所著的《费尔巴哈》一书中指出："历史不外是各个世代的依次交替，每一次都利用以前各代遗传下来的材料、资金和生产力。"这就是说人们只能在已有的历史条件下创造历史和选择国家发展的道路。刘少奇提出的"新民主主义经济是一种过渡性质的经济，这种过渡所需要的时间，将比东欧、中欧各民主主义国家长得多"的观点，决不是一时兴来的话，是极为深刻的见解。建国后，担任中央人民

145

政府副主席等重要职务的刘少奇，更以坚毅不拔的精神投入到了新中国的巩固和经济恢复工作中。他便注意研究新中国经济建设的发展步骤。1950 年，他在一篇已形成文稿而未曾发表的文章中写下了"几步走"的设想：首先恢复被破坏的经济，接着发展农业和轻工业，继之发展重工业，然后用发展起来的重工业加强轻工业并使农业生产机械化。从而实现党和人民政府的最基本的任务，摆脱贫穷落后，把中国建设成为独立、民主、和平、统一和富强的国家。这以后，刘少奇继续就这个问题进行深入研究。1951 年 7 月，他写出《中国共产党今后的历史任务》一文，进一步阐述新民主主义社会过渡到社会主义社会的步骤、党肩负的历史任务和应该采取的方针，指出"整个新民主主义阶段，时间估计至少十年，多则十五年、二十年"。文中用更为明确的语言表达了他对新中国经济建设步骤的设想：首先恢复农业及一切可能恢复的工业，其次发展农业和轻工业以及少数必要的重工业，然后发展重工业，然后依靠已经建立起来的重工业进一步发展农业和轻工业。

刘少奇基于必须根据中国社会经济发展的实际需要和全国最大多数人民的要求的想法，他对中国农业经济的发展道路有着独到思路。1950 年 1 月，刘少奇在同中共中央组织部副部长安子文等谈话中提出，要防止在过渡问题上犯急性病，主张首先应该让分得了土地的农民发家致富，在农民富裕的基础上，再通过互助、合作、农村工会等形式，引导农民自觉自愿地组织起来，走社会主义道路。为了防止经济建设问题的急性病，使广大党员都有正确的认识，刘少奇提出了"巩固新民主主义制度"的重要思想，甚至把它写在 1951 年 3 月所召开的党的第一次组织工作会议通过的《关于整顿党的基层组织的决议》上，作为共产党员标准的八项条件中的重要内容："中国共产党的最终目的，是要在中国实现共产主义制度。它现在为

巩固新民主主义制度而斗争，在将来要为转变到社会主义制度而斗争，最后要为实现共产主义制度而斗争。"

总之，刘少奇认为，中国的经济建设必须反对两种错误倾向：一种是资本主义的倾向。就是把中国今后经济发展方针，看作是发展普通的资本主义经济，把一切希望寄托于私人资本主义经济的发展，向资本家作无原则的让步，对小资产阶级的弱点表示迁就，自觉或不自觉地要把中国建设成为资本主义共和国，这就必然会是半殖民地半封建的旧统治的复辟。这是在新民主主义经济建设中放弃无产阶级领导地位的资产阶级的或小资产阶级的路线。另一种是冒险主义的倾向。就是在我们的经济计划和措施上超出实际的可能性，过早地、过多地、没有准备地去采取社会主义的步骤，因而使共产党失去农民小生产者的拥护，破坏城市无产阶级与农民的联盟，这就要使无产阶级领导的新民主主义政权走向失败。因此，我们必须在今后的经济建设中，经常地进行两条战线斗争。

刘少奇说，搞资本主义那是右，马上搞社会主义那是"左"。既不能搞资本主义，又不能搞社会主义，事情就有点为难，要克服这个困难。"不怕这些为难，才是布尔什维克"。

坚持社会主义方向
探索适合国情道路

经过卓有成效的三年经济恢复工作，国民经济情况得到基本好转，人民政权大大巩固，国际形势也不断朝着有利于我国社会主义建设的方向发展。1953 年夏，毛泽东比较完整地提出了党在过渡时期的总路线和总任务："从中华人民共和国成立，到社会主义改造基本完成，这是一个过渡时期。党在这个过渡时期的总路线和总任务，是要在一个相当长的时期内，逐步实现国家的社会主义工业化，并逐步实现国家对农业、对手工业和对资本主义工商业的社会主义改造。"中共中央召开的全国财经工作会议，着重讨论了贯彻执行过渡时期总路线问题，提出了我国第一个五年计划。第一个五年计划的基本任务是，集中主要力量进行以苏联帮助我国设计的 156 个重点项目为中心的、由限额以上的 694 个建设单位组成的工业建设，建立我国社会主义工业化的初步基础；发展部分集体所有制的农业生产合作社，并发展手工业生产合作社，建立对于农业和手工业的社会主义改造的基础；基本上把资本主义工商业纳入各种形式的国家资本主义轨道，建立对于私营工商业的社会主义改造的基础。

1955 年 7 月，刘少奇主持第一届全国人民代表大会第二次会议，通过了中华人民共和国发展国民经济第一个五年计划。

148　　　　本来毛泽东在 1953 年提出过渡时期总路线时，还是设想

"在十年至十五年或者更多一些时间内",接着改为"在一个相当长的时间内",逐步实现对农业、手工业和资本主义工商业的社会主义改造。但是,到 1955 年下半年,掀起农业合作化运动的高潮,接着便发动了资本主义工商业的全行业公私合营,以惊人的速度在 1956 年底于全国绝大多数地区内基本上完成三大改造,即基本完成了把资产阶级的生产资料私有制和个体农民、手工业者的生产资料私有制,改造成为社会主义的生产资料公有制的历史任务。在这个社会主义改造过程中,有一些缺点和偏差,但总的来看,还是成功的。这样,我国的社会主义经济建设,从 1953 年执行第一个五年计划算起,到 1956 年就已经有了三年多的实践经验。对于苏联经济建设中的一些错误和缺点,我们也逐步有所了解。以苏联为鉴戒,总结我们自己的经验,探索一条适合我国情况的建设社会主义道路的任务,提到了党的面前。

刘少奇面对现实,面对全国人民高涨的社会主义热情,开始积极探索社会主义建设的各种问题。1955 年 4 月,刘少奇在全国农村工作会议前夕召集中共中央书记处会议,针对农业合作化运动后期发展过快而出现的一些偏差和缺点,提出今后对农业生产合作社要适当收缩,从巩固中求发展。刘少奇认为,合作化的要求是又快又好,以好为第一,为了快必须办好。办好现有的农业生产合作社,树立旗帜,建立信仰,总结经验,培养干部,对农民对我们都很重要。因为干部还没有训练出来,经验不成熟,再快了就要发生危险。刘少奇认为,在经济建设中,凡是盲目发展得多的部门困难就大。这里有一条经验,并不是任何发展都是好的,如果发展不是有计划、有前途的,发展本身就带有破坏性。

1955 年 10 月 4 日至 11 日,中国共产党举行七届六中全会。会议根据毛泽东的报告通过了《关于农业合作化问题的决

议》。《决议》把党内在合作化速度问题上的不同意见批评为右倾，因而助长了农业社会主义改造中的急躁冒进情绪。刘少奇在会上发言，认为毛泽东的报告及时地、全面而正确地解决了我国实现社会主义建设和社会主义改造中最复杂、最重要的问题；另一方面仍然指出：各级党委必须根据群众的各种条件并经过群众的充分讨论来定出分批分期发展合作社及其他一切有关事项的全面规划，又在运动中加强党的领导，这样才有可能既避免领导落后于群众的右倾错误，又防止急躁冒进的"左"倾错误。

同年 11 月 16 日至 24 日，中共中央政治局召开由各省、市、自治区党委代表参加的会议。会议讨论并通过《中央关于资本主义工商业改造问题的决议（草案）》。刘少奇在会上对资本主义工商业的社会主义改造问题作了重要讲话。他批评了党内一些同志主张对资本主义工商业采取没收或挤垮的不正确想法，要求全党统一认识，积极领导，争取资本主义工商业社会主义改造的胜利。

他说，要建成社会主义社会，就要改变资本主义所有制和个体所有制，建立全民所有制和集体所有制。只要我们抓紧了这一点，在这一点上不动摇，那么，我们就基本上没有违背马列主义，就不会犯重大错误。至于用什么方法，采取什么形式，用多少时间来改变这两种所有制，特别是废除资本主义所有制，这是可以根据各国的客观条件来决定的。党的路线是要实行和平改造，即采用赎买的办法来废除资本主义所有制，不采取苏联和东欧各国所采取的没收的办法，或者别的什么挤垮的办法。刘少奇指出，采取没收的办法是不大好的。在 1949 年那个时候，社会主义经济还没有，就一下没收，会搞个稀烂，经济上不利，政治上也不利。资本家跟共产党合作，愿意接受共产党的领导，也愿意开工生产，我们说不要，一定要自

己干，要把它没收，理由不那么充足，而且那个时候农村里面土地改革没有完成，我们党的干部主要集中在农村，派不出更多的干部到城市里面来。今天搞没收，这个理由更不好说。资本家接受了共产党的领导，成立了工商业联合会，参加政治协商会议，拥护宪法，努力完成加工订货，这时候突然一下实行没收，那就没有信用了，政治上就很不利，站不住脚。同时，对我们同帝国主义的斗争，对国内的阶级斗争也是很不利的。经济上也不利。挤垮的办法也一样，挤垮，它就要破产，破产就要受损失，破铜烂铁、坛坛罐罐就要打烂一些，破坏一些。因此，用赎买的办法，统一战线的办法，是最好的办法。刘少奇又说，使资产阶级分子接受社会主义改造这件事情，是要准备在一个相当长的时间里面来最后完成的。要分成多少年，慢慢地逐步地使他们改变习惯，改变生活方式，到最后不给定息他们也可以维持生活了，生活习惯也改变了，没有觉得不方便了，这就是毛泽东同志讲的"水到渠成，瓜熟蒂落"。对资本主义工商业的改造，要有一个全面规划，不要一股风，应该很有计划、很有步骤地来进行，各方面配合，党委要抓紧领导。这是一个我们同资产阶级决定胜负的斗争。资本主义工商业公私合营了，农业合作化了，手工业合作化了，那么到底是社会主义胜利，还是资本主义胜利，这个谁胜谁负的问题也就解决了。所以必须紧张起来，谨慎小心，团结一致，把这个工作做好。

12月上旬，刘少奇在中共中央政治局召集的党的高级干部座谈会上，传达毛泽东关于准备召开党的第八次全国代表大会的指示：八大的中心思想是反对右倾思想，反对保守主义，提早完成我国的社会主义工业化和社会主义改造，要保证15年同时争取15年以前超额完成。要全党准备八大，迎接八大，使八大开好，使八大的准备工作和各地方各部门的工作结合起

来。根据中央分工，刘少奇负责八大政治报告的起草工作。

为向党的代表大会提出符合实际的正确路线，他从 1955 年 12 月到 1956 年 3 月，先后约请国务院三十多个部门的负责同志汇报和座谈。毛泽东认为刘少奇这样做很好，从 1956 年 2 月起以一个半月的时间，也全面地听取国务院各部门的汇报。在此期间，刘少奇多次参加毛泽东组织的汇报会，所有这些汇报，使党的领导核心对我国经济建设工作的经验和问题有了比较全面、系统的了解，也为进一步探索适合我国国情的社会主义建设道路提供了有利条件。同时，刘少奇仍然清醒地保持着在经济建设问题上既反右又防"左"的思想。一方面他说，右倾保守，这是过渡时期的主要倾向。原因是六亿人口，过去是分散的，积极性不高，无计划，生产力就只能是那样一种水准。现在所有制变了，不阻碍生产力的发展，人们的社会主义觉悟也提高了，组织起来，有计划的生产，并且提高技术，不断进步，在这种情况下，人们的认识总是落后于客观，定额总是不断打破，思想总是跟不上，这就是右倾保守的根源。一方面他又指出，也有些人脑子发热，定额提得太高，而目前又没有条件做到，这就叫冒进，也要防止。

1956 年 6 月上旬，刘少奇主持中共中央政治局会议，讨论经济建设工作中的问题。刘少奇、周恩来、陈云等，都对经济建设工作中的急躁冒进问题表示了担忧。会议因此决定由中宣部根据刘少奇、周恩来、陈云等的意见，起草《人民日报》社论《反对保守主义，也要反对急躁情绪》。社论草稿写出后，经刘少奇、周恩来修改审定，即于 6 月 20 日发表。社论指出当时经济建设工作的偏差，"一方面是在一些工作中仍然有右倾保守思想作怪，另一方面是在最近一个时期中有些工作中又发生了急躁冒进的偏向，有些事情做得过急了，有些计划定得太高了，没有充分考虑到实际的可能性。这是在反保守主义之

后所发生的一种新情况。这种情况是值得我们严重注意的"。
"只有既反对了右倾保守思想，又反对了急躁冒进思想，我们
才能正确地前进。"社论的发表，在一定程度纠正了当时的过
热情绪和急躁冒进的偏差。

　　1956 年 9 月 15 日至 27 日，中国共产党成功地召开了第
八次全国代表大会。刘少奇作政治报告，指出："现在，革命
的暴风雨时期已经过去了，新的生产关系已经建立起来，斗争
的任务已经变为保护社会生产力的顺利发展"，"我们党现时的
任务，就是要依靠已经获得解放和已经组织起来的几亿劳动人
民，团结国内外一切可以团结的力量，充分利用一切对我们有
利的条件，尽可能迅速地把我国建设成为一个伟大的社会主义
国家。"刘少奇在报告中强调，党在过渡时期的总路线是照耀
我们各项工作的灯塔，各项工作离开它，就要犯右倾或者
"左"倾的错误。他说，在过去几年中，从右面离开党的总路线
的倾向，主要的是仅仅满足于资产阶级民主革命的既得成
就，要求把革命停顿下来，不承认我们的革命有向社会主义过
渡的必要，不愿意对城市和农村的资本主义采取适当的限制政
策，不相信党能够领导农民走向社会主义，不相信党能够领导
全国人民建成社会主义。从"左"面离开党的总路线的倾向，
主要的是要求在"一个早上"就实现社会主义，要求在我国用
没收的方法消灭民族资产阶级，或者用排挤的方法使资本主义
工商业破产，不承认过渡到社会主义应当采取逐步前进的步
骤，不相信我们可以经过和平的道路达到社会主义革命的目
的。如果我们党接受这些意见的任何一种，我们就将不能建设
社会主义，或者不能如同今天这样顺利地建设社会主义。

　　在全党全国认真贯彻执行中共八大正确路线的情况下，第
一个五年计划的最后一年 1957 年的经济工作大大加速，到年
底，我国发展国民经济的第一个五年计划胜利超额完成。

153

但是，如前所说，急促地实现的社会主义改造，在整个社会生产力还十分落后、商品生产不发达的情况下，各种潜在矛盾也很快暴露出来。例如管理不善，经济效益降低，不按经济规律办事，"长官意志"的破坏作用，等等，都表明社会主义的经济建设在政策方针、制度体制、具体办法等等方面，都需进一步完善。于是，在坚持社会主义所有制的前提下，刘少奇在进行了一系列的重要调查研究工作的基础上，大胆地提出了许多具有改革意义的主张和设想。他在1957年2月中旬到4月中旬，带领了一个由全国总工会、共青团中央等单位的一些同志组成的调查组，深入到河北、河南、湖北、湖南、广东五省的工厂、矿山、机关、学校作了近两个月的亲自调查，采取访问、开座谈会、实地考察等办法，认真听取各种人员的反映和意见。后来又利用陪外宾的机会到上海做调查。在这些调查过程中和调查后，刘少奇有许多精辟的讲话，有许多重要的宝贵思路，留下了许多闪光的值得人们追索的思想。

他认为在农村中，不能像有些干部一个劲地要办大社，以为越大越好。生产力只是那么个水平，小农经济生产工具基本没变，生产单位，特别是分配单位小一点为好，太大了生产关系超过生产力，就不适宜了。分小一点，适当地分权，有点自治权，适合于生产工具、生产力、人们的管理水平、历史习惯，这就可靠。他赞成当时河南新乡地区实行农业社包工包产到作业队，固定三年不变，超产奖励的办法，认为这就是对生产关系的一种有益调整。刘少奇主张劳动要有一定的自由，不能完全否定个体劳动。农业和工业一样，在集体生产中也可以实行相当于岗位责任制的承包生产的个人负责制。他针对河南许昌地区有些农业社实行牲口集中喂养而出现的牲口瘦弱死亡现象，指出现在还是分散喂养好一些，分散喂养并不动摇集体所有制，这是个经营方法问题。刘少奇也主张能增加个人经济

活动的自由，例如农村中的一家一户可以搞自己的副业，喂鸡、养猪等都行，甚至允许有个人的经济发展计划。他在听取湖南省教育工作的汇报时，提出也要让知识分子多有些自由活动的余地。例如中医，那些技术高、收入多的，不必一定要在联合诊所，单干、互助、合作社都应该允许。私人办学，私人办托儿所，私人行医，这些都不应看作是资本主义的行为，而应看成是为社会服务的工作。

刘少奇主张，对应社会实际需要而出现的自由市场，要实行开放和利用的政策，以便搞活社会主义经济。他认为自由市场对于我们社会主义经济制度来说，并不是完全消极的东西，它可以补充国营商业的不足和方便人民。社会主义经济的特点是有计划性，是计划经济，但是实际社会的经济活动包括各行各业，各个方面，有几千种、几万种、几十万种，国家计划不可能计划那么多，不利用自由市场，结果就会使社会经济生活搞得很简单、呆板。如何使社会主义经济既有计划性，又有多样性和灵活性，这就要利用自由市场。

他在听取中共广东省委汇报时说，自由市场可以暴露我们的缺点，凡是我们计划不到的，自由市场就可以钻空子。这虽然不很痛快，但有好处。商人是怎么办的，私人是怎么办的，自由市场是怎么办的，我们就跟上去，照样办。他们钻空子，是因为我们社会主义经济有空子可钻。既然有空子让人家钻，我们就要弥补这个空子。把一个个空子弥补起来，多样性就有了，灵活性也有了。因此，不要把自由市场挤掉，不要认为那一年就可以取消自由市场。还是保留一点竞争好。他提出要利用价值规律时说，有些东西我们没有规定价格，是自由市场的价值法则指挥着它生产，指挥着农民进城。

另外，就计划经济本身来说，他也主张要放一定的权，"要使地方、企业、合作社有适当的自治权"。他说，"地方、

企业及个人必须有一定范围的经济活动的自由，没有这个自由，社会主义经济就不可能有多样性和灵活性。"刘少奇甚至说，我们一定要比资本主义经济搞得更为多样，更为灵活，如果我们的经济还不如资本主义经济搞得更为多样，更为灵活，那还有什么社会主义的优越性呢？我们一定要使人民的经济生活丰富多彩，更方便，更灵活。当然刘少奇也说，自由市场也有两方面的作用，有有利于国计民生的作用，也有有害于国计民生的作用。因此我们对自由市场的政策也是利用、限制、改造，对自由市场要有适当的限制。

刘少奇认为，我们一定要学会运用现代的经济手段来领导经济。社会主义本来有很多优越条件，但是我们的经济工作在很多地方不如资本主义，我们的成本、劳动生产率、利润率都显得落后，问题在于我们的商业部门机关化、官僚化，做官僚生意，不根据实际情况办事。所以对于资本主义的先进科学技术和管理方法，我们也要注意学习。他提出过用价格和人民的消费来刺激和促进生产；提出过要实行预购、赊销、分期付款的信用制度；提出过扩大行情研究的机构和信息来源的方法；提出过应当重视社会主义经济中最敏感的流通问题；提出过按照等价交换的原则进行交换是社会再生产正常进行的必要条件，在具有经济活动的任何部门和领域中都要实行等价交换；提出过用税收来限制过高利润；提出过改进工业管理制度，试办托拉斯，打破地区限制，按行业组织各种形式的专业公司，促进专业化协作的发展；提出过要高度重视企业经营管理工作和科学技术的应用，开展技术革命；提出过社会主义社会要有两种教育制度、两种劳动制度，以及实行固定工和合同工并存的劳动制度。

刘少奇的许多设想，是为了克服社会主义体制中的某些弊端，和改革国家包不起来而已包起来了的制度的。建国初期，

我们就开始在全民所有制企业和国家职工中采取了包下来的政策，这在当时是完全有必要的，新中国好不好，对人民有没有吸引力，这关系很大。但在三大改造后，在全国都实行起包下来的政策，这是整个国力所承担不了的。因为社会生产力还很低，国家还未根本改变贫穷落后的状态。例如上学的人越来越多了，国家拿不出那么多教育经费来开办那么多学校，到1956年和1957年全国就出现了升学难的问题。这样越趋尖锐的矛盾、甚至会发生闹事的矛盾，是决不能忽视的，必须很好解决。因此在刘少奇的思想中逐步形成了提倡民办学校和勤工俭学的主张。认为除国家办学外，还可集体办学互助办学、私人办学。为了既能解决国家办学经费不足的困难，又能满足青少年的升学要求，刘少奇更主张多办半工半读的学校和职业技术学校。他还主张办业余学校、夜大学和函授学校。再例如就业的人数也越来越多了，人们都往全民所有制的企业里挤，因为得到了全民所有制企业里的工作，不管能力大小，工作好坏，一辈子就保险了。所以就连集体生产的单位都不愿去的。就业和升学一样，都弄成一条独木桥，对国家形成很大压力。因此刘少奇认为必须改革国家的现行劳动制度，可以改变工人进厂后不能辞退的铁饭碗制度，临时工不必都要转正。工人可以有固定工和合同工两种。

随着社会主义建设事业的发展和在社会主义建设中出现的一些波折，刘少奇探索社会主义建设道路的活力愈加充沛，他的马克思主义的理论勇气更加高昂。

1959年11月刘少奇因肩周炎复发，去海南岛休息治疗。他决定利用这段时间学习《政治经济学教科书》，为便于讨论研究，还邀了在北京的薛暮桥、王学文两位经济学家伴学。

刘少奇在读书中所发表的一些重要思想，认为现在就要提以农业为基础、发展轻工业，同时搞重工业的方针；要研究经

157

济中最主要的矛盾，生产关系与生产力的矛盾，全民所有制与集体所有制的矛盾，全民所有制的内部矛盾等；国民经济按比例发展的规律是客观的，在社会主义社会这规律通过"有计划"来实现，有计划不是客观的，是经过人们的主观努力来实现的，如计划搞得不好，国民经济也可能出现大的失调；高速度和按比例是矛盾的统一，事物势必有轻重缓急、主要次要，抓住主要环节，就可以很快地前进，抓不住主要环节，平均发展，不分轻重缓急，结果速度会慢；生产关系跑到生产力的前头，就失去基础，就会破坏生产力，刮"共产风"就是这样；社会主义社会是一种过渡性质的、共产主义社会的低级阶段，不要把它看成独立的社会经济形态，它既不是资本主义的也不是共产主义的，是共产主义的半成品；社会主义社会中，总的矛盾是生产和需要的矛盾，但中间还夹杂着阶级矛盾，此外，三个差别没有消灭，商品还存在，实行按劳分配，等等。所以，在社会主义现阶段的矛盾是错综复杂的，在过渡时期里，还要运用许多旧社会里的形式，如商品、价值、货币、银行等，但性质变了；为了搞好经济工作，要有政治挂帅，要有计划工作的综合平衡，要有经济核算；要正确处理人民内部矛盾，人与人的关系中重要的一部分，是领导与被领导的关系，这个问题应提到经济学上、生产关系上来理解，不搞好会妨碍生产力的发展；等等。

12月，回到北京后，刘少奇约请陆定一、胡乔木、孙冶方、薛暮桥等座谈社会主义政治经济学研究工作的意见，提出：政治经济学是党纲的基础，社会主义政治经济学的任务就是从理论上说明党的纲领的科学基础。

后来的事实证明，刘少奇的许多认识和主张是正确的。

兴调查实事求是
行调整春风化雨

　　刚刚步入 60 年代，我国的国民经济面临着新中国建立以来最严重的困难：农业生产大幅度下降，重工业畸形发展，财政出现较大赤字，通货膨胀，商品短缺，粮食等生活必需品极为紧张，人民生活水平下降，一些地方出现非正常死亡。整个国民经济全面比例失调。

　　严峻的经济形势，引起刘少奇的极大关切。1960 年 6 月，他在上海主持召开的，有各大区、省、市、自治区、经济部门主要负责人参加的座谈会上，直截了当指出，问题的发生，包括中央在内都要负责，是因为计划偏大，盘子安大了，要求过急了。必须纠正，发展下去就会变成不是一个指头的问题，7 月上旬至 8 月上旬，刘少奇在北戴河主持召开了中央工作会议，研究经济工作中的问题。民以食为天，为了渡过难关，会议初步讨论了压缩基本建设战线、要对经济进行调整的问题，制定了《关于全党动手，大办农业，大办粮食的指示》等文件。毛泽东在会上强调，要以各种方法争取多打粮食。"韩信点兵，多多益善"，只有大集体、没有小自由不行。刘少奇认为，除了尖端工业外，其他的工业都要尽量地为农业服务。提出了压缩基本建设战线，加强农业第一线，把农业摆在第一位，工业要支援农业等重要意见。半年后，1961 年 1 月 14 日至 15 日，在北京召开的中共八届九中全会上，正式通过了对国民经济实行"调整、巩固、充实、提高"的八字方针，并决

定从农业着手。

对毛泽东提出的大兴调查研究之风，1961 年要成为实事求是年的意见，刘少奇极为赞成。1961 年 3 月，在广州召开的讨论和制订《农村人民公社工作条例（草案）》（简称《农业六十条》）的中央工作会议中，刘少奇指出，这几年调查研究工作减弱，为此犯了不少大大小小的错误，受了相当大的损失。如果作好了调查研究，工作作风好，工作方法对，损失可能减少，时间可以缩短，不至于陷于现在这样的被动。中央有些政策，决定前缺乏很好的调查研究，根据不够；决定之后，又没有检查执行情况，发现问题，及时纠正。调查研究是今后改进工作的最根本的方法。

刘少奇认为，负责同志搞一些典型调查很重要。无产阶级、共产党人，要有和群众商量的风气，要真正地、全心全意地和群众在一起，有做人民勤务员的作风。为了了解农村困难情况和产生困难的原因，刘少奇以身作则，在 1961 年 4、5 月间，亲自带了一个调查组，深入湖南农村，先后在长沙县广福公社天华大队和宁乡县花明楼公社等地蹲点，作了长达 44 天的调查。出发前，他对湖南省委书记交代，这次去湖南乡下，他要采取解放前我们在苏区的办法，直接到老乡家，睡门板、铺禾草，既深入群众，又不扰民；人要少，一切轻装简行，都要以普通劳动者身份出现。他告诫调查组，不能抱着成见去搞调查，带着成见，带有框框，调查研究是做不好的，认识不了客观实际。他要求调查组一定要研究工作方法，要使群众解除顾虑，能说真话。调查组对好话、坏话都要听。就是骂我们的话，包括骂他刘少奇的话，也要听。这时刘少奇已是 63 岁的高龄，他带领调查组来到群众院落、家庭，田头陌上，山冈林间，察看农民住房、探望患病农民，去听群众的心里话，去觅取各种能够反映真实情况的迹象。对群众的情绪，连他们说话的语气都极其注意。向群众提出一个问题后，群众"是鼓着眼睛，还是眯着眼睛，是笑脸，还是哭脸，是昂着头，还是低着头"，都加以仔细观察。

这样，终于拨开层层迷雾，透过种种虚假的现象，弄清了许多事情的真实情况，发现了农村中大量存在的问题。在他的指导下，解决了一些农村工作中亟待解决的问题：解散了不为群众所欢迎的公共食堂；退赔了在"共产风"中被刮掉的社员的财物；取消供给制、实行定额包工、贯彻按劳分配、增拨自留地、允许社员利用空坪隙地生产，这些像及时雨一样的措施，大大缓解了群众存在的困难，再次激发了群众对党的深厚感情，促进和提高广大社员的生产积极性。

在调查中，刘少奇对造成经济困难的原因，也作了实事求是的分析和开诚布公的自我批评。他在5月7日同炭子冲农民的谈话中动情地说："我将近四十年没有回家乡了，很想回来看看。回来了，看到乡亲们的生活很苦。我们工作做得不好，对不起你们。""为什么生产降低了，生活差了？有人说是天不好，去年遭了旱灾。恐怕旱有一点影响，但不是主要的，主要是工作中犯了错误，工作做得不好。""这是不是完全怪大队干部呢？也不能完全由他们负责，上边要负主要责任。当然，大队不是没有责任，要负一小部分责任，有的是中央提倡的，如办食堂。因此根子还在中央，不过到了下边就加油添醋了。""这里工作搞成这个样子，中央有责任，要向你们承认错误。"又说，解散食堂以后，马上需要解决的问题就是房子。一个屋场住那么多户，没有地方打灶。房子不确定，社员的很多事情不能定，自留地不能定，养猪喂鸡也难办，厕所也不好定，生产就不放心。有一些是公家占用的房子，如银行、供销社、学校、公社和大队的办公室、工厂、猪场等，都要挤一下，把多占用的房子都退出来给社员住。为了解决社员一家一户分散后

161

打灶住房的问题，刘少奇甚至说，这里搞他的旧居纪念馆，曾写信问过他，他几次写信说不要搞，结果还是搞了。这个房子应退出来，纪念馆不办了，分几户社员到这里来住，他家的亲属不要来住。关于退赔的问题，刘少奇还说，这个账要记住。赔清以后，立块碑，或者写一个大单子，用镜框镶起来，挂在公社里，使这个深刻的教训子子孙孙传下去，以后再也不犯这个错误。

对于刘少奇的这种精神，当时参加调查组工作的杨波就很为感动，他说："看到刘少奇这种以普通劳动者的身份，深入实际调查研究，实事求是地分析问题，以及勇于自我批评的作风，我作为参加这次调查的一个工作人员，受到的教育是终生难忘的。"

在湖南农村调查后，刘少奇回到北京，参加了中央在5、6月间召开的工作会议，进一步研究经济调整问题，重点是农村工作。这时候，党内的思想认识仍然很不统一，有一些同志继续把产生困难的原因完全归于天灾。刘少奇根据他在湖南农村调查中所掌握的第一手确实材料，实事求是地一再指出，困难的原因主要是由于党在工作中的缺点错误，并引用湖南农村老乡的话说是"三分天灾，七分人祸"。他果敢地否定了惯常的关于成绩与缺点的关系是"九个指头与一个指头"的说法，说："有的同志讲，这还是一个指头和九个指头的问题。现在看来恐怕不只是一个指头的问题。"他在5月31日的会议上大声疾呼，农民饿了一两年饭，城里的人也饿饭，全党、全国人民都有切身的经验了，"回过头来考虑考虑，总结经验，我看是时候了，再不能继续这样搞下去了"。"如果我们现在还不回头，还要坚持，那就不是路线错误也要走到路线错误上去。"

刘少奇把事情提高到马克思主义的理论上来阐述，运用马克思和恩格斯说过的话指出，现在的问题就是："能够投于工

商业上面而无须从事农业的劳动者人数……是取决于农业者在他们自身的消费额以上，能够生产多少的农产物。"农民吃用以后剩余下来的粮食就是我们所说的商品粮。有多少商品粮，就可以决定办多少工业、交通运输业和文教事业。比如当前粮食紧张，所以工业也好，学校也好，都没有办法多办。总起来讲，这几年的问题，就是工业、交通、文教都办多了。非农业人口搞多了，农民养不起这么多人。因此刘少奇总结说，克服当前经济困难的办法，就是要坚决缩短工业战线，延长农业战线和轻工业战线，压缩城市人口下乡，真正执行毛泽东提出的以农、轻、重为序的发展方针。比如钢的产量就要从 1840 万吨退到 1400 万吨，纺织工业由 1000 万锭子退到 500 万锭子。其他方面也有这个问题。后退好了，就可以把比例搞适当，同农业战线的比例就协调了。

正是在这次中央工作会议的指引下，1961 年的调整工作开始迈开步子。当年由于下放了 1000 多万城镇人口到农村，使城市和乡村、工业和农业的关系得到了一定的调整，相当于减少为城镇提供三四十亿斤粮食，二三百万吨生活用煤，15 亿斤菜，20 多亿元工资。它对减轻农民负担，平抑市场物价，紧缩财政支出和货币投入都起了积极作用。

1961 年 8 月下旬，中央在庐山召开了工作会议，会议着重研究工业问题，一致认为，从我国经济发展的情况看，在 1960 年就应及时进行调整，主动放慢重工业的发展速度。我们已经丧失了一年多的时机，现在再不能犹豫了，必须当机立断，该退的必须退够，要以最大的决心把工业指标和基本建设规模降到可靠的水平上来。这说明全党的认识越来越趋于一致了。

要很好贯彻八字方针，必须以调整为中心。

但是由于多年来反冒进、反右倾的心理积淀的作用，调整工作的进程也并不太理想，高指标的尾巴一割再割，不能很快

到位，尽快退够。还有相当部分的干部对调整的必要性和艰巨性认识不足，执行不力。这种状况拖了贯彻八字方针的后腿，表明应在全党作出进一步动员，做好工作。

中共中央决定召开一次扩大的工作会议，总结1958年"大跃进"以来的经验教训，开展批评和自我批评，统一思想，以利集中力量进行调整，克服严重困难。会议于1962年1月11日至2月7日在北京举行。参加的有中共中央、中央局和省、地、县、重要厂矿企业党委以及部队的负责干部共七千人，因而称为"七千人大会"。刘少奇代表中共中央作报告。他指出这次会议的主要目的，是要总结经验，统一认识，加强团结，加强纪律，加强民主集中制，加强集中统一，鼓足干劲，做好工作，战胜困难，在毛泽东思想的伟大旗帜下，争取社会主义建设的新胜利。

刘少奇一方面说明，中华人民共和国建国以来，经过国民经济恢复时期和两个五年计划建设时期，在这个不长的12年时间内，在社会主义改造和建设方面所取得的举世瞩目的伟大成就。一方面指出，这几年工作中发生的主要缺点和错误是：工农业生产的计划指标过高，基本建设的战线过长，使国民经济各部门的比例关系，消费和积累的比例关系，发生了严重不协调现象。在一段时间内，农业上犯过高估产、高征购的错误。由于要求过高、过急，许多地方、许多部门进行过不适当的"大办"。在农业生产和工业生产上，在商业、财政、文教、卫生等方面，都犯过瞎指挥的错误。例如农业方面乱改耕作制度，工业方面任意废除规章制度等。在农村人民公社和实际工作中，许多地区，在一个时期内，曾经混淆集体所有制和全民所有制的界线，曾经对集体所有制的内部关系进行不适当的、过多过急的变动，违反了按劳分配和等价交换的原则，犯了刮"共产风"和其他平均主义的错误。在手工业和商业方面，也

犯了急于把集体所有制改变为全民所有制的错误。还有不适当地要在全国范围内建立许多完整的工业体系，权力下放过多过散，发生了许多违反中央政策和国家计划的现象，使得经济生活中的集中统一的领导受到了破坏。再有，对农业增产的速度估计过多，对建设事业的发展要求过急，因而使城市人口不适当地大量增加，造成了城乡人口的比例同当前农业生产水平极不适应的状况，加重了城市供应的困难，也加重了农业生产的困难。企业和事业单位不适当地增加过多，职工人数增加过快，非生产人员比重加大，浪费劳动力的现象十分严重。党政机关的机构比过去更加重叠臃肿，在这种情况下，主观主义、官僚主义和命令主义的作风，有了很大滋长。

刘少奇说，这些主要缺点和错误产生的原因来自两方面，一是由于我们在建设工作中的经验还很不够；一是由于几年来党内不少领导同志不够谦虚谨慎，违反了党的实事求是和群众路线的传统作风，在不同程度上削弱了党内生活、国家生活和群众组织生活中的民主集中制原则。这些主要缺点和错误所产生的结果，给我们的经济生活造成很大损失，1959 年和 1960年的农业严重减产，1961 年的工业产量被迫下降，目前仍有许多困难。中央认为，有必要在这一次扩大的中央工作会议上指出，对于这几年来的工作中的缺点和错误，首先要负责的是中央。其次要负责的是省一级领导机关。我们在这里着重地谈到过去四年工作中的许多缺点和错误，分析错误的性质，研究错误发生的原因，说清楚错误的责任，目的是为了使我们大家能够切实地从过去的工作中吸取经验教训，做好今后的工作。这不但表明我们党是一个郑重的、实事求是的、对人民负责的马克思列宁主义的党，而且表明我们党对克服目前的困难和争取新的胜利抱有最大的信心。刘少奇的报告明确提出，当前全党的主要任务是踏踏实实地、干劲十足地做好调整工作，而

1962年又是对国民经济进行调整工作的最关紧要的一年，必须抓紧。为保证调整工作的顺利进行，会议提出了反对分散主义、加强集中统一领导的要求。

不久，刘少奇的报告便作为中共中央的文件下发，对统一全党对当时形势和任务的认识，加强团结，统一行动，坚决贯彻以调整为中心的八字方针，促进国民经济的恢复和发展，起了春风化雨般的作用。

调整工作在全国范围内全面铺开，一些潜在的经济问题进一步暴露出来。1962年2月下旬，刘少奇主持召开了一次中共中央政治局常委扩大会议，因开会地点在中南海西楼，被称为"西楼会议"。在会上发现国家财政有50亿元的赤字没有报上来，刘少奇严肃批评了有关部门的这种隐瞒矛盾、措施不力的错误，指出国家经济的困难情况正处在非常时期形势相当严峻。他对陈云在会上所作的《目前财政经济的情况和克服困难的若干办法》的讲话表示完全赞成。并在他的提议下，以中共中央名义把陈云的讲话和会上其他同志的讲话批转全党。

为便于调整工作的深入进行，需要建立一个专门机构来主持这方面的大量工作，刘少奇等商议重新成立中央财经小组，并提议陈云任组长。刘少奇还到陈云家里，请富有经济工作经验的陈云出来统管财政经济工作。接着，刘少奇、周恩来、邓小平专程到武汉向毛泽东作了西楼会议的汇报，得到了毛泽东的赞同，并商定成立中央财经小组，陈云任组长，李富春任副组长，此后，在陈云的领导下，中央财经小组对1962年国民经济计划做了进一步的调整，国民经济全面调整进入了一个决定性阶段，调整计划把工农业总产值由1400亿元降到1300亿元，农业总产值由450亿元降到420亿元，工业总产值由950亿元降到880亿元，原煤、钢、粮食的指标作了较大幅度的降低，基本建设投资也由60亿多减为46亿元。

　　这时，刘少奇为保证调整工作的顺利进行，有机会就阐述自己的观点，不断讲话。4月23日，刘少奇在中央讨论调整1962年计划的会议上强调指出：所谓大好形势是指政治上，表现在党的团结，人民的团结。经济上没有大好形势。对困难估计多一点，危险就少一点，或者没有危险；估计不够就有危险。现在国民经济全面失调，要全面调整，要有秩序地撤退。现在的调整计划是否退够？可能明年还要退。关一批工厂才能保证一批工厂的生产。现在做得越坚决，情况好得会越快些。如果现在怕拆摊子，以后就会大拆摊子。在5月7日至11日的中央工作会议上，讨论中央财经小组向中央提交的《关于讨论1962年调整计划的报告》时，他继续猛敲警钟：现在的主要危险还是对困难估计不够，我们应当充分估计当前的困难以及现在还设想不到的困难，要准备迎接困难，克服困难。他讲明要前进需先后退一步的道理，说减少这么多城市人口，关掉这么多工厂，指标调低，不是消极的。只有这样，才能停止经济情况的继续恶化，转入主动，继续前进。这是最积极的措施。这次会议通过了中央财经小组的报告，5月下旬即由中共中央批发全党。1962年的大规模经济调整终于取得显著成效并且又下放了1000万城镇人口，很快地扭转了困难局面。

　　1962年年底以前国民经济的调整，主要是恢复和调整。1963年2月召开的中央工作会议提出，从当年起再用两三年时间继续调整，调整重点是：在争取国民经济根本好转的同时，还要改善经济建设的内外部结构，为以后的发展创造有利条件。在这一阶段中，刘少奇一方面努力使经济调整工作能够基本上按照原来的计划进行，一方面为此进行了更深层次的探索。他指出用超经济的办法管理经济，既不是资本主义的办法，也不是社会主义的办法，而是封建主义的办法，只会制造和扩大矛盾，增加官僚主义，因此他更加强调了以前曾提出的

"按经济办法管理经济"的思想。他认为生产资料也是商品，物资部门实际上就是管理生产资料的商业部门，物资工作就是经营生产资料的市场。从 1962 年到 1965 年，他先后对物资工作作过 8 次讲话，亲自抓了物资工作的改革。他认为我国的一些工业体制不合理，束缚了企业的活力和企业之间的协作，造成了许多浪费和消耗。主张按行业改组工业体系，组织托拉斯或联合性企业，实行科学的、高效率的管理。他提出了搞专业化、标准化、系列化的要求。遵照刘少奇的建议，国家经委于 1964 年在全国试办了烟草、铝业、橡胶、长江航运等十多个专业公司，这是 60 年代中国经济体制改革的一次重要尝试。他提出要把技术人员放在一定的负责岗位上，企业是生产斗争的最前线，应选一些大学、高中毕业的又有共产主义觉悟的雷锋式的人物去。他认为科学要抓，特别要设立专门机构抓尖端科学。科学研究部门不首先现代，整个国家都不能现代化。他不断提出和宣讲"我国要有两种劳动制度、两种教育制度"的设想。提倡实行固定工与合同工、临时工并存的劳动制度和亦工亦农的劳动制度。提倡实行全日制的学校制度和半工半读的学校制度。在刘少奇的倡导下，第一次全国农村半工半读教育会议和第一次全国城市半工半读教育会议，分别在 1965 年上半年和下半年召开，大大地推动了半工半读制度的实行，为发展我国多种形式的国民教育和普及教育拓宽了路子。

1964 年底 1965 年初，在北京召开的第三届全国人民代表大会上，刘少奇被再次选为中华人民共和国主席。大会的第一次会议宣布，调整国民经济的任务基本完成，整个国民经济将进入一个新的发展时期，要把我国努力建设成为一个实现四化（具有现代农业、现代工业、现代国防和现代科学技术）的社会主义强国。

确信人民写历史
心怀大海寄深情

　　"文化大革命"是一场历史悲剧。

　　毛泽东是一位杰出的马克思主义革命家和思想家，他有高度的智慧，深邃的眼光，敏锐的考察能力，常以异常深刻的思想见解见长于人。他叱咤风云，对于帝国主义者和一切反动派的战争讹诈从不畏惧；然而他却为帝国主义者推行的和平演变政策感到不安。从五十年代起，西方国家，特别是美国的政界人物，发表了大量有关和平演变战略的言论。毛泽东深深地忧虑，帝国主义者对社会主义国家的和平演变政策能否有效，能否促进和鼓励社会主义国家内部的变化，关键问题在于党和国家领导层中有没有发生背离马克思主义的"修正主义"情况、有没有产生出代表人物来。领导人变了，整个国家就会改变颜色。这个问题尤其是在中苏交恶之后更加沉重地压在他的心头。怎样防止像苏联的赫鲁晓夫那样的人物在中国出现呢？他寄希望于提高全党全国人民对这一问题的警惕和认识。以他的雄才大略，别人所难以具有和想像的气魄，只要他具有了某种坚定的想法，只要能解决问题、达到目的，不论采取什么方式，花多大代价，他是在所不惜的。中国革命从来都是在党领导的群众运动中获得胜利的。发动群众，对毛泽东来说，是他一生中最得心应手的事。于是他想到了采取运用"文化大革命"的群众运动方式，对全党全国人民进行一场全面的、普遍的马克思主义的社会主义教育运动，自上而下地进行一场深刻

169

的"反修防修"的斗争，以使党和国家的各级领导权都掌握在真正的马克思主义者手里。

然而，毛泽东不仅对当时党内状况的估计是错误的，他所说的修正主义的含意也含糊不清，甚至把一些属于马克思主义原理和社会主义原则的东西缠夹在里头，采取的方法又是这样的异乎寻常。他由此走进迷谷。谁是危险的假马克思主义者？谁又是真正的马克思主义者？对于毛泽东所采取的方式不理解者，毛泽东越来越对他们积聚起严重不满。对于那些怀着不可告人的目的而顺竿爬的人，毛泽东至少在开始时没有所察觉，对他们给予了一度的信任和重用。所以，当"文化大革命"铺天盖地而来和深入发展开去的时候，这场运动终天成为一场不以人们意志为转移的动乱了。"文化大革命"的动乱因受林彪、江青两个反革命集团的操纵而变得特别狂暴，大大超出了毛泽东的预计和控制。同毛泽东主观愿望适得其反，尽管林彪、江青两个始作俑者的反命集团也终于在"文化大革命"中先后暴露面目而被清除，但党和国家所遭受的损失太大了，许多忠诚的马克思主义者受到了不应有的打击，中华人民共和国的主席刘少奇首当其冲，蒙受了极大的冤屈。

1966年伊始，"文化大革命"已呈山雨欲来之势。各种简单粗暴的批判，情况使人忧虑。2月上旬，刘少奇主持中共中央政治局常委会议，讨论并同意以彭真为组长，陆定一、康生、周扬、吴冷西参加的"文化革命五人小组"向中央提出的《关于当前学术讨论的汇报提纲》（简称《二月提纲》）。目的要把在学术界已经展开的严重政治批判加以引导，使它置于党的领导下和学术讨论范围内正常地健康进行。提纲指出：学术讨论一定要坚持实事求是，在真理面前人人平等的原则，要以理服人，不要像学阀一样武断和以势压人。要提倡坚持真理，随时修正错误。要有破有立。还提出在报刊上公开点名批判要慎重。提纲由在京的政治局常委会议通过后，刘少奇还要彭真等专程去向正在武昌的毛泽东作了汇报。毛泽东当时没有反对。这个提纲便在刘少奇、邓小平支持下作为中共中央文件批发全党。

3月26日至4月19日，刘少奇和夫人王光美应邀去巴基斯坦、阿富汗、缅甸做国事访问。期间，国内的事情接连异变。这使刘少奇回国时面临了根本没有思想准备的形势。3月28日至30日，毛泽东在杭州三次同江青、康生等人谈话，对《二月提纲》表示十分不满，批评它混淆阶级界限，不分是非、严厉指责北京市委、中央宣传部包庇坏人，不支持左派，北京市是针插不进、水泼不进的独立王国，中宣部是阎王殿，要解散市委，要打倒阎王、解放小鬼；说吴晗、翦伯赞是学阀，上面还有包庇他们的大党阀，并点名批评邓拓、吴晗、廖沫沙合写的《三家村札记》和邓拓写的《燕山夜话》是"反党反社会主义的"。毛泽东说，各地应多出一些向中央造反的孙悟空，大闹天宫。4月10日，林彪、江青合伙搞的《部队文艺工作座谈会纪要》，作为中共中央文件下发。《纪要》严重提出，文艺界在建国后，被一条与毛主席思想相对立的反党反社会主义的黑线专了我们的政，这条黑线就是资产阶级的文艺思想、现代修正主义的文艺思想和所谓三十年代文艺的结合。说要坚决进行一场文化战线上的社会主义大革命，彻底搞掉文艺界的这条黑线。这是一场艰巨、复杂、长期的斗争。与此同时，康生在中央书记处会议上传达了毛泽东在杭州的几次谈话，康生和陈伯达一起唱和，对彭真在批《海瑞罢官》以来的所谓"错误"和"一系列罪行"大加批判。会议决定成立"文化革命文件起草小组"，批判《二月提纲》。于是，由陈伯达、康生、江青等组成的"文化革命文件起草小组"，加紧起草《中国共产党中央委员会通知》（即后来的《五·一六通知》），要点名批

判彭真，宣布撤销"文化革命五人小组"，重新组建"中央文化革命小组"。这就是刘少奇出访回国前所形成和摆开的整个局面。

4月下旬，刘少奇回到北京，因毛泽东还在杭州，按照惯例便由他主持中央日常工作。由于《二月提纲》原是他主持政治局常委会议通过的，眼前的事情又是怎么一回事，他既不清楚也无法理解，这就使他处在尴尬地位。他仓促上阵，按照毛泽东4月在杭州主持召开的中央政治局常委扩大会议的部署，在5月4日至26日，在北京主持召开了中央政治局扩大会议。会议情况则由康生负责向在外地的毛泽东汇报和请示。会议对人事的处理，实际上是履行事前定了的手续，停止和撤销了彭真、罗瑞卿、陆定一、杨尚昆等人的职务，决定成立专案审查委员会，审查四人的所谓"反党集团"问题。一字未改地通过了《五·一六通知》。《通知》宣布：中央决定撤销1966年2月12日批转的《文化革命五人小组关于当前学术讨论的汇报提纲》（即《二月提纲》），撤销以彭真为组长的"文化革命五人小组"及其办事机构，重新设立中央文化革命小组，隶属于政治局常委之下。它说《二月提纲》"反对把社会主义革命进行到底，反对以毛泽东同志为首的党中央的文化革命路线，打击无产阶级左派，包庇资产阶级右派，为资产阶级复辟作舆论准备"，是"彻头彻尾的修正主义"。它认为，"学术界、教育界、新闻界、文艺界、出版界的领导权都不在无产阶级手里，在中央和中央机关，各省、市、自治区，都有一大批反党反社会主义的资产阶级代表人物"，"混进党里、政府里、军队里和各种文化界的资产阶级代表人物，是一批反革命的修正主义分子，一旦时机成熟，他们就会要夺取政权，由无产阶级专政变为资产阶级专政"。"赫鲁晓夫那样的人物，他们现正睡在我们的身旁。"对于《通知》的这样一些话，刘少奇不能不感到它

的矛头所向，但也很难把握它到底对准着谁，正像人们都要因此而思考一样。但是无论如何，刘少奇在当时已难辞主持通过《二月提纲》之"咎"，他在会议最后一天的发言中作了自我批评，承担了某种责任。

《五·一六通知》的发布，是"文化大革命"全面发动的标志。毛泽东原想有控制的进行这场"文化大革命"，但是由于林彪、江青等阴谋集团的扰乱，"文化大革命"成为一发而不可收拾的脱缰之马，演变成十年浩劫。

5月下旬，以陈伯达为组长（以后由江青代理）、康生为顾问、江青等为副组长的"中央文化革命小组"成立，并逐步取代中共中央政治局和书记处的权力。6月初，为康生所授意的北京大学聂元梓等人写的所谓第一张大字报在全国广播，为陈伯达所授意并修改的《横扫一切牛鬼蛇神》的《人民日报》社论发表，来势汹汹。

学校里大乱了。中共中央在刘少奇、邓小平主持下，决定向北京的大中学校派出工作组，领导"文化大革命"。要求在运动中要"内外有别"、"注意保密"、"大字报不要上街"、"不要示威游行"、"不搞大规模声讨会"、"不要包围黑帮住宅"等。6月18日，北京大学发生对四十多名党团干部和教师乱打乱斗的事件，一些人避开工作组搞抹黑脸、戴高帽、罚跪、打人、侮辱妇女的行为。刘少奇即代中共中央将驻北京大学工作组关于制止这次事件的简报批转全国，要求各地参照北大办法及时正确地处理这类事情。这个文件对稳定当时局势起了一定的积极作用。但是正在外地的毛泽东从"天下大乱，达到天下大治"的观点出发，认为北大的"六·一八"事件是革命的。刘少奇按照常规做法的思想距离毛泽东的想法太远了。

7月18日，毛泽东从武汉回到北京。江青、陈伯达、康生等人立刻向他告状，谎报关于工作组的情况，诬栽了各种罪

名。毛泽东对刘少奇的不满终于借工作组问题而暴发，他对派工作组的做法提出了严厉批评。先是表示不快，说他回到北京后感到很难过，冷冷清清，有些学校大门都关起来了，甚至有人镇压学生运动。谁才镇压学生运动？只有北洋军阀！"内外有别"是怕革命。给群众定框框不行。这是方向错误。他在24日同中央政治局常委和中央文革小组谈工作组问题时，提出要撤退工作组。25日，他接见各中央局书记和中央文革小组成员时说："最近一个月，工作组是阻碍群众运动。阻碍革命势必帮助反革命，帮助黑帮。""工作组搞了很多乱，要它干什么？""不要工作组，要由革命师生自己闹革命。"

于是情况急转直下。尽管刘少奇在此前曾一再为工作组说话，认为党领导这么大的运动总得通过一定的形式，工作组不能不要，工作组大多数是好的，他们在第一线很辛苦，对他们要求不能过高，现在谁也没有经验，是如何帮助、教育他们进行总结工作经验的问题；尽管他难以理解派工作组到底有什么不对，但在毛泽东已经明确表态的情况下，他只能照顾大局，放弃自己的意见，服从毛泽东的决定。为了使事情尽可能不牵连其他领导干部和工作组成员，刘少奇在公开场合一再说明派工作组是中央决定的，中央同意的，自己并承担了主要责任。

然而指责不止，上纲越来越高，被批判成犯了方向、路线错误，"实际上是站在资产阶级立场上，反对无产阶级革命"。在8月1日至12日的中共八届十一中全会上，刘少奇和邓小平一起受到"揭发批判"。8月7日，全会印发了毛泽东5日写的《炮打司令部——我的一张大字报》。毛泽东指责自6月上旬派工作组以来的"五十多天里，从中央到地方的某些领导同志……站在反动的资产阶级立场上，实行资产阶级专政，将无产阶级轰轰烈烈的文化大革命运动打下去"，明显地把派工作组的问题升格为有个"资产阶级司令部"的问题了。全会改

组中央领导机构后，刘少奇的党内地位从第二位一下降到第八位。在10月的中央工作会议上，刘少奇被迫检查，承认从6月1日以后的五十多天中犯了方向、路线错误。11月上旬，这个检查被下发各地，全国掀起批判"刘、邓资产阶级反动路线"的高潮。

林彪等大肆攻击，说"刘、邓不仅是五十天的问题，而是十年、二十年的问题"，企图把历史改写，把刘少奇等彻底搞臭搞倒。那个捣鬼有术的阴谋家张春桥，在单独接见清华大学造反派头头蒯大富时就这样说："中央那一两个提出资产阶级反动路线的人至今不投降"，"你们革命小将应该联合起来，发扬彻底革命精神，痛打落水狗，把他们搞臭"。蒯大富就在北京组织游行示威。到年底，北京街头贴满了公开煽动打倒刘少奇、邓小平的大标语和大字报。

进入1967年，事态更加狂热发展。在江青、陈伯达、康生等的策动下，1月6日，蒯大富等人把刘少奇夫人王光美骗出中南海扣押在清华。12日，中南海里的造反派冲进刘少奇家，进行侮辱性的批斗刘少奇。刘少奇出于为大局着想，第二天在人民大会堂里见到毛泽东时，向毛泽东表示，愿意辞去一切领导职务，和妻子儿女去延安或老家种地，以便尽早结束文化大革命，使国家少受损失，使广大干部尽快解放出来。

3月间开始，林彪、江青、康生等在全国掀起"抓叛徒"的恶浪，诬称有一条所谓"刘少奇叛徒集团组织路线"，制造了骇人听闻的"六十一人叛徒集团"、"新疆叛徒集团"、"东北叛徒集团"、"南方叛徒集团"等重大冤案。在这件事上，在早年就对刘少奇进行谣诼、中伤和善于翻手为云、覆手为雨的康生，起了阴险的挑头作用。他在1966年9月16日写信给毛泽东，并送上1936年薄一波、刘澜涛、安子文、杨献珍等根据党中央决定办理手续出狱刊登启事的报纸影印件，称："我长

期怀疑少奇同志要安子文、薄一波等人'自首出狱'的决定。""这一决定是完全错误的，是一个反共的决定。"在当时的不正常情况下，康生的险恶用心竟而得逞。1967年3月16日，中共中央印发了《薄一波、刘澜涛、安子文、杨献珍等六十一人的自首叛变材料》，把问题定了性。

刘少奇对所谓的"六十一人叛徒集团"问题的提出，表示极大愤慨，说简直是岂有此理，六十一人出狱之事，是经过党中央批准的，中央许多领导同志都知道，早有定论。那时是在日寇就要进攻华北和华北可能沦陷的情况下，为免遭不测，尽可能保护这批宝贵干部和适应当时华北民族斗争和阶级斗争的迫切需要所采取的紧急措施。

对于许多攻讦谰言，刘少奇已经很难沉默了，3月28日他写信给毛泽东，对报纸上造谣他吹捧过电影《清宫秘史》等事进行了驳斥。但是没有两天，3月30日，《红旗》杂志发表了戚本禹的《爱国主义还是卖国主义？——评反动影片〈清宫秘史〉》一文。文章以文痞们的特有笔法，给刘少奇归纳了"八大罪状"，疯狂地攻击说："你根本不是什么'老革命'！你是假革命、反革命，你就是睡在我们身边的赫鲁晓夫！"刘少奇看到戚文气愤至极，说这"是栽赃，党内斗争从来没有这么不严肃过。我不反革命，也不反毛主席，毛泽东思想是我在七大提出来的，我宣传毛泽东思想不比别人少。"

4月6日，在江青的策划下，中南海的造反派揪斗刘少奇，勒令刘少奇回答戚文中的八个问题，刘少奇立即在第二天写出答辩，让工作人员抄了大字报在中南海里贴出。4月9日，刘少奇获悉清华大学要组织30万人的大会批斗王光美，愤慨地说："我有错误我承担。工作组是中央派的，王光美没有责任，为什么让她代我受过？要作检查，要挨斗，我去！"刘少奇心情很难平静，猜料自己凶多吉少，向家里人遗嘱，在

他死后把他的骨灰撒向大海。表示大海连着五大洋，他要看着全世界实现共产主义。要子女们记住他们的爸爸是个无产者，是人民的儿子，他们也一定要做人民的好女儿，永远跟着党，永远为人民。

5月，培养和教育了中国共产党几代人的，由刘少奇所写的《论共产党员的修养》一书，也遭到了横蛮批判，说"修养"的要害是背叛无产阶级专政。刘少奇写信抗争，要求要有正确批评。但是无人置理，只是愈演愈烈。批判的调门已经升高到把刘少奇称为"党内头号走资本主义道路的当权派"和"中国的赫鲁晓夫"，完全否定他在中华人民共和国建立以来十七年的历史功绩，说要"彻底肃清十七年来以他为代表的资产阶级反动路线"、"批倒、批深、批臭"。

然而又岂止是要清算刘少奇在中华人民共和国建国以后的十七年。6月3日，"刘少奇、王光美专案组"成立。江清直接控制并伙同康生、谢富治指挥专案组，不顾党纪国法，逮捕一些无辜人员，连刘少奇身边的炊事员也遭了殃，对他们进行不择手段的诱供、逼供和"突击审讯"，制造刘少奇是所谓"叛徒"、"内奸"、"工贼"的伪证，企图把刘少奇的伟大一生统统抹黑，从政治上彻底扳倒刘少奇，使之永远不得翻身。与此同时，他们又加紧从精神和肉体两方面来对刘少奇进行摧残。7月18日，江青、康生、陈伯达、戚本禹乘毛泽东不在北京，组织人批斗刘少奇、王光美，逼令低头弯腰，长时间罚站，并进行抄家。就在这一天，刘少奇向患难与共、相濡以沫的王光美留下了一句千秋震响的话："好在历史是由人民写的！"

此后，刘少奇与家人隔绝，被单独看管。9月13日，王光美被捕入狱，子女们也被赶出家门到各自的学校接受批判审查。经过精心的构陷，1968年9月16日，江青一手操纵的

"刘少奇、王光美专案组"整理报送了三本所谓刘少奇的"罪状"材料。江青以她阴险狠毒的用心，在上面写下批语，诬陷刘少奇是"大叛徒、大内奸、大工贼、大特务、大反革命"。林彪看到后，也在上面批道，"完全同意"，"向出色地指导专案工作并取得巨大成就的江青同志致敬!"林彪、江青，一时得意忘形，弹冠相庆。10月，中共八届扩大十二中全会据以作出把刘少奇"永远开除出党、撤销其党内外一切职务"的错误决定，造成党内历史上最大冤案。

岁月多艰，又是一年。1969年10月，身患重病的刘少奇被送往河南开封。途中受凉，病情急速加剧。11月12日，一代伟人的心脏停止了跳动，终年71岁。

多行不义必自毙。先是林彪反革命集团，因策划反革命政变阴谋被毛泽东识破而被彻底粉碎。后是江青反革命集团，也被历史永远地钉在了耻辱柱上。他们比林彪反革命集团不过多延了五年。1976年10月6日，中共中央政治局执行党和人民的意志，一举粉碎了"四人帮"，从而结束了延续十年之久的"文化大革命"的灾难。

被颠倒了的历史应该被纠正过来。1978年12月党的十一届三中全会，解决了历史上遗留的一批重大问题和一些重要领导人的功过是非问题。1979年2月，中共决定对刘少奇一案复查。1980年2月，根据中共纪律检查委员会近一年的周密调查所作的审查报告，党的十一届五中全会作出《关于为刘少奇同志平反的决议》。《决议》报告："原审查报告给刘少奇同志强加的'叛徒、内奸、工贼'三大罪状，以及其他各种罪名，完全是林彪、江青、康生、陈伯达一伙的蓄意陷害。八届十二中全会据此作出把刘少奇永远开除出党，撤销其党内外的一切职务的决议是错误的"；"刘少奇同志是伟大的马克思主义者，是为共产主义奋斗终生的无产阶级革命家。几十年来，他

作为党和国家卓越的主要领导人之一，对我党的建设，对我国民主革命、社会主义革命与社会主义建设，都有不可磨灭的功绩。他对党和人民的事业是忠诚的。他把毕生精力贡献给了我国的无产阶级革命和建设的事业"；"过去对于刘少奇同志的污蔑、陷诬、伪造的材料以及一切不实之词都应完全推倒"。《决议》还指出，过去因刘少奇同志问题受株连的人和事，都应实事求是进行复查和澄清，凡属冤假错案一律予以平反。根据1980年9月前的统计，因刘少奇冤案被株连定为反革命而判刑的案子就有3.6万多件，所牵涉的2.8万多人，后都一一平反。

1980年5月17日，北京人民大会堂隆重举行"刘少奇同志追悼大会"，邓小平致悼词。邓小平见到王光美，以洪亮的声音严肃地对她说："是喜事，是胜利。"5月19日，遵照刘少奇生前要将骨灰"像恩格斯一样"撒在连着五大洋的大海的遗愿，由王光美和子女们护送着骨灰盒前往青岛。"天若有情天亦老"，车队到达码头时，星星点点的雨花掉落下来，哀乐声中半降的国旗沉重地缓缓拂动。舰艇徐徐启动，水天苍茫一色。二十一响礼炮轰鸣，在祖国的黄海大公岛的附近海域，一捧一捧洁白的骨灰，一束一束美丽的鲜花，抛撒进滔滔不息的大海……